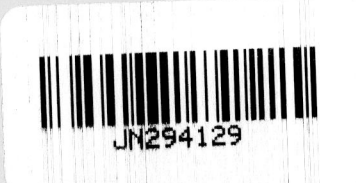

もっと豊かに　もっと楽しく

特別支援の絵画と造形

水彩絵の具（中学部）

三嶋眞人・奥田さが子●編著

わたしたちは、美術の教育は生きていくうえで、とても大きな力を持っているし、何より楽しいものだと思っています。

眼で見るものだけではなく、さわったり、聴いたり、五感を通して感じ、思っていることを色や形で表すのが美術の授業です。「できない」ことを見るのではなく、「できる」ことから発展させれば、ハンディを持つ子どもたちにも多様な取り組みができ、いろいろな力が伸びていきます。

いかだ社

はじめに～この本の見方～

模様（水彩・中学２年）

ふくろう（水彩・中学２年）

さまざまなハンディキャップを持つ子どもたちのための特別支援の学校や学級で、図工や美術の授業をどうしよう、という声をよく聞きます。

鉛筆や筆の持てない子、粘土や道具をさわることすらいやがる子、こだわりがあって関心の広がらない子、さまざまなマイナスの面が目につき、この子たちにとって図工・美術の授業はどんな意味があるのだろう、どんなことをやったらいいのだろう、と悩んでいる教師がたくさんいます。

日本のあちこちの教室で実践し、研究し合っている教師たちの力を借りて、「美術の授業は苦手」と思っているあなたと、その目の前にいる子どもたちが、「美術大好き」になるためのお手伝いが少しでもできたら、と思ってこの本をつくりました。

特別支援学級や学校のカリキュラムは、都道府県や学校種別、対象とする子どもたちの実態によってもずいぶん違います。ここでは、主に知的障がいを抱えた子どもたちを対象と考えて、指導のポイントやヒントを書きました。

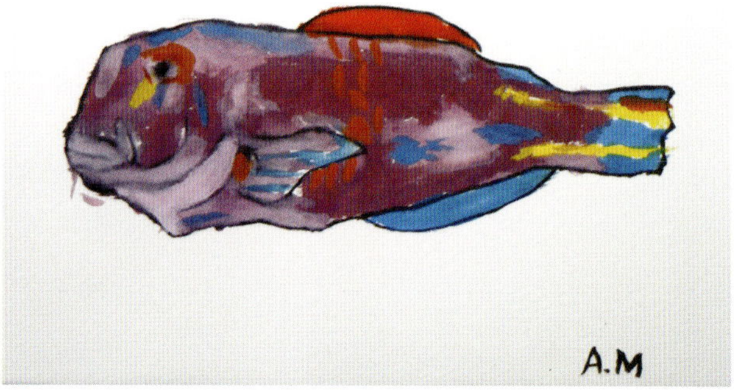

魚（水彩・中学３年）

目の前にいる子どもや生徒の実態は……

「発達年齢」という言葉があり、子どもたちのクラスやグループ分けに、これだけを指標としている場合があります。しかし、それぞれの子どもや生徒は、発達年齢だけでは計れない生活体験も持っており、この「生活年齢」を無視して、高等部段階になっても幼児なみの題材の与え方をするのは間違いです。目の前にいる子どもや生徒の持っているハンディや障がいの特性は何か、興味や、できることはどんなことなのか、をよくつかんで、それに合わせたわかりやすい支援をいつも心がけましょう。(たとえば、自閉的な傾向を持つ子の中には、言葉より、視覚に訴えるほうが理解しやすい場合もあります)

同時に、子ども（児童・生徒）が集団でいるということの利点、影響のし合い・学び合いの持つ力を最大限使うということにも心を配りたいと思います。

自画像（色鉛筆・高等部２年）

チームで教える時の配慮

特別支援学級や学校の美術の授業では、誰かが中心になって計画し、チームで教える形が多いと思いますが、その時、どういうすすめ方をするかだけでなく、授業のねらいをしっかり共有してほしいと思います。教師が手を貸すこともありますが、どこまでならOKかは、対象とする子どもによって違います。ねらいにそって子どもが楽しんで取り組むためにどうするか、目の前の子どもに合わせて考えていきましょう。

家族（切り絵・椎野勝30歳　44cm×30cm）

授業の導入はとても大事

おまわりさん（マーカー・高等部）

教師も生徒も一緒に聞く授業の導入は、その意味でもとても大切です。言葉で伝えるだけでなく、参考作品、図版、ビデオなどの映像、音などを用意して、五感に訴える導入を工夫しましょう。見て描く絵の場合はさわったり、匂いを嗅いだりできるように本物を。ものにもよりますが、ぐちゃぐちゃにされても叱らないですむくらいの量がほしいです。

段取りは、絵や文字による説明も用意して、全体を見通せるようにするとともに、適切な時に適切な量だけ伝えるようにしましょう。言葉かけも、動作と合わせてやるとわかりやすくなります。

鳥（色鉛筆・19歳）

中間鑑賞や最後の鑑賞

翌週に続く授業の時、前回やったことを振り返り、その日の課題を確かめるために前の作品を見合うことが大事です。「とてもすてきだね」「いい色だね」などと具体的にほめながらすると、重度の子でも、作品を覚えていて、うれしそうな反応を見せてくれます。作品ができあがった時もみんなで見せ合い、できるだけ展示もしましょう。

「どれが好き？」「どこが好き？」と問いかけて、答えてもらったり指さしてもらったりすると、選ばれた子はうれしそうです。選ばれなかった作品も「これは、どこがすてきかな？　元気な線だね」など、支援者の言葉が達成感につながり、作品を見る目を育てます。

それでは、子ども（児童・生徒）と一緒に楽しみながら取り組んでください。

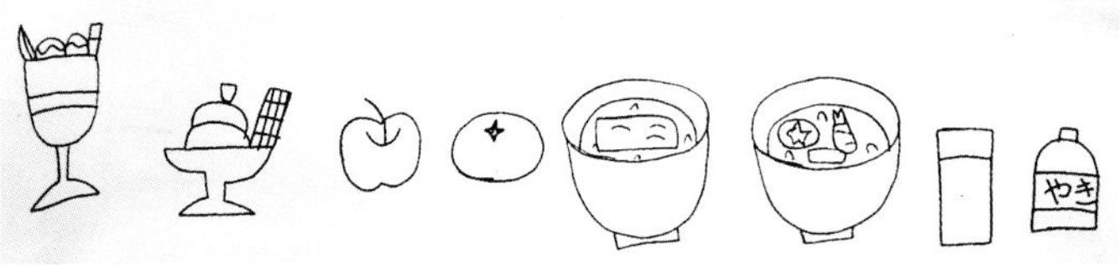

食べ物シリーズ（マーカー・中学２年　5cm×15cm）

目次

★（　）内は解説ページ

（ペン・中学部２年）

（鉛筆・中学部）

★タイトル横のマークは、
発達の段階を大まかに3つにわけ、
実践を紹介しています。

（重）　（中）　（軽）

描く、色を感じる、平面であらわす

三嶋眞人

たとえ描けなくても

「描く」という力は、長い歴史の中で人間が獲得してきた技術の一つです。簡単な道具でほかのものに働きかけ、変化に気づいたり、楽しんだりする入門編として、どこから取り組んでいったらよいか考えてみましょう。

具体的な形を描くことが難しい子どもでも、ローラーを動かしたり、シールを貼ったり、鉛筆やクレヨンで描くことはできます。

この章では、無理強いすることで行為そのものを嫌いにさせてしまわないよう、どうすれば参加できるのか考えた題材を紹介しました。

何かをつくらなければならないとか、描かなければならないと無理をさせたり、支援者が絵をつくってしまったりするのでなく、ちょっとしたヒントで楽しくできることはいろいろあります。目の前にいる個々の子どもの現実を見つめながら工夫しましょう。

ローラーペイント（中学部）

小田急電車・マーカー、色鉛筆（高等部）

マスキングテープにスプレー（中学部）

ラクダ・墨ほか（中学部）

色鉛筆（中学部）

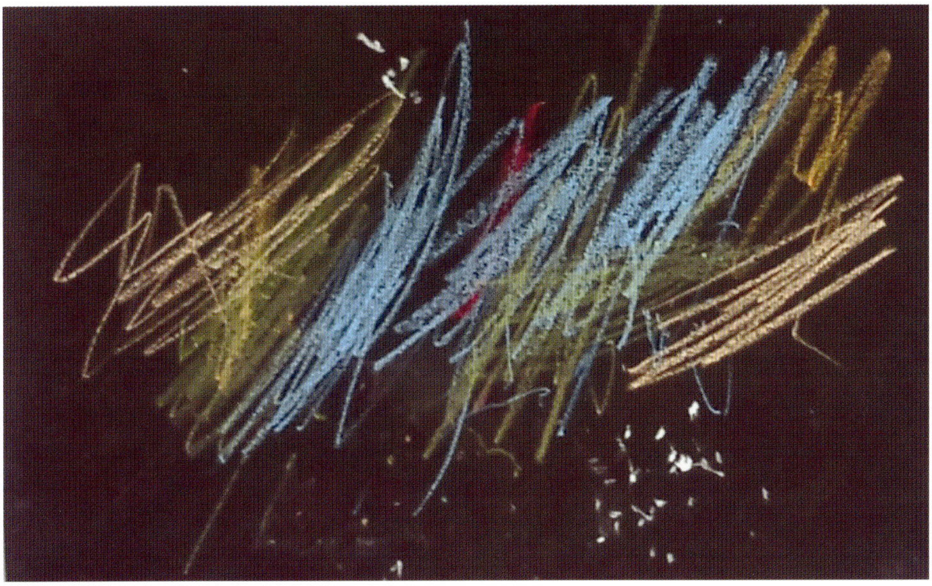

クレパス、黒の画用紙（中学部）

描く、色を感じるということ

色鉛筆、クレパス、クレヨン、サインペン、ボールペン、マジック、マーカーなどは、主として線描用の描画材です。

ものを握ったり、力の加減をすることが難しい子に、ごしごしグルグルからはじめ、思いきり紙に働きかける楽しさをたっぷり経験させるためには、手軽さが大切です。いつも身近に用意しておくといいでしょう。（色数はなるべく多く、最低でも24色くらい）

絵の具のよさは、混色が楽しめること

さらに刷毛、ローラー、スポイト、手指などさまざまなものを使うことで表現が広がります。筆は使い方に慣れれば、より豊かな表現ができます。それぞれの子の実態や課題に合わせて楽しめるものからはじめ、表現の可能性を広げていきましょう。

絵の具には、乾くと耐水性になるもの（アクリル系絵の具など）や、染料系のものなどもあります。それぞれの特性や描く紙への効果も知っておきましょう。

また、水入れやパレット（または溶き皿）などいろいろな用具も必要です。これらの使い方について、はじめにしっかりと知らせておくことが大事です。このことについては、p20、21を参照してください。

描くだけでなく、スプレーを使って吹きつける、にじませる、垂らすなどの技法を知っていると興味を引き出す手だてにもなり、表現が広がります。

クレパス

水彩絵の具（ロクロに固定し、回して色を置いた）

紙について

紙に気を配ると、色の響き合いや変化を10倍も楽しく味わえます。

いつも同じ大きさの白画用紙でなく、紙の色、大きさ、質にこだわって、いろいろそろえておきましょう。

和紙は柔らかく、にじみもできるので、墨、版画にも使います。

水彩の専門用紙は高価なのですが、丈夫でタワシやブラシでこすっても破けません。普通の色画用紙だけでなくミューズコットン紙は色数も豊富で表面の凹凸もあり、クレヨン、パス、パステル、コンテなどにも向いています。

このほかに、ダンボール紙や黄ボール紙など、さまざまな紙があります。用途によって紙も選んで使ってみましょう。新聞紙や反古紙などもおもしろい効果があります。

墨絵・和紙（撥水液）

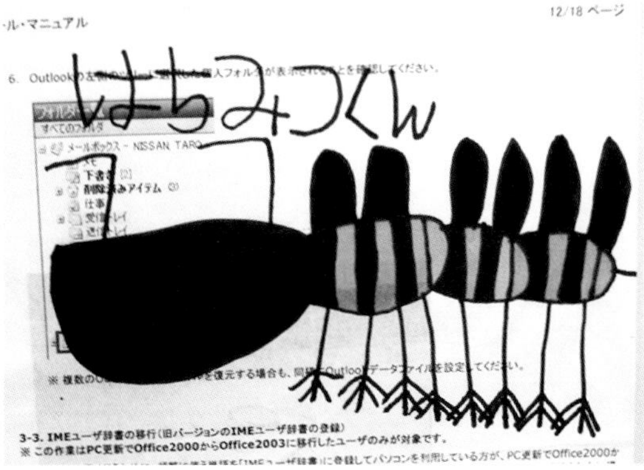

マーカー（10cm×15cm）

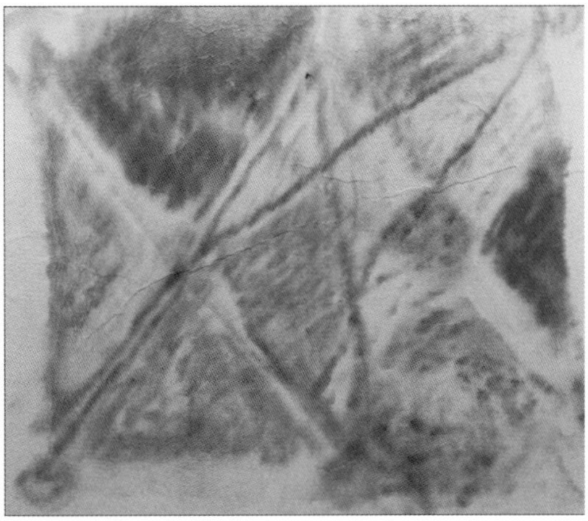

和紙のにじみをいかして（水性クレヨン）

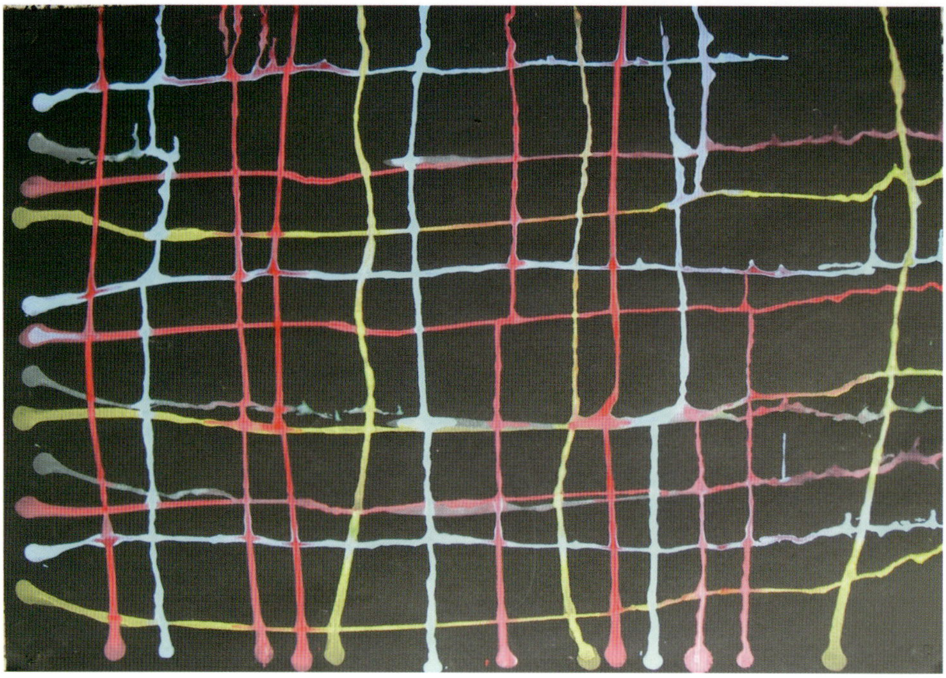

スポイトで垂らした作品（中学部）

ローラーペイント（中学部）

ローラーペイント（中学部）

垂らしたり、転がしたり

坂井　完・三嶋眞人

　筆が持てなくても、形にならなくても、色の変化や動きを感じてみましょう。偶然にできる模様や色の美しさを、楽しく、気持ちを高めながら取り組みました。次々と手が伸びて作業がすすむ子もいました。

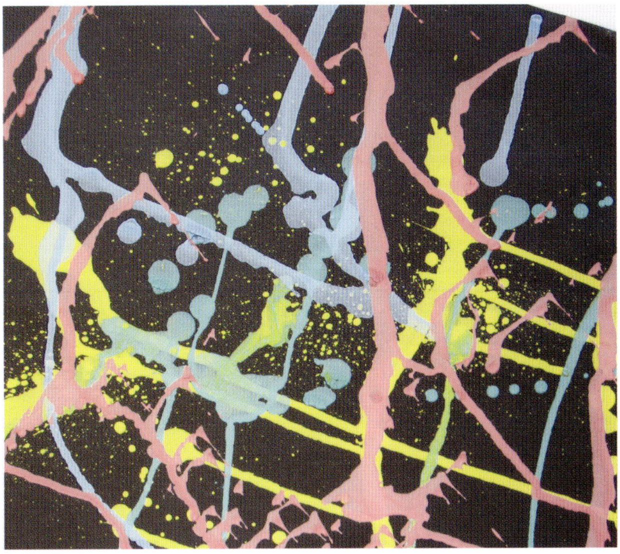

スポイト（中学部）

ローラーペイント（中学部）

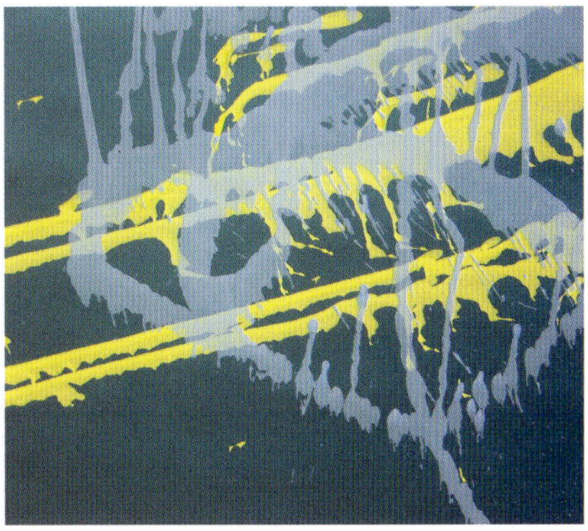

垂らし絵（中学部）

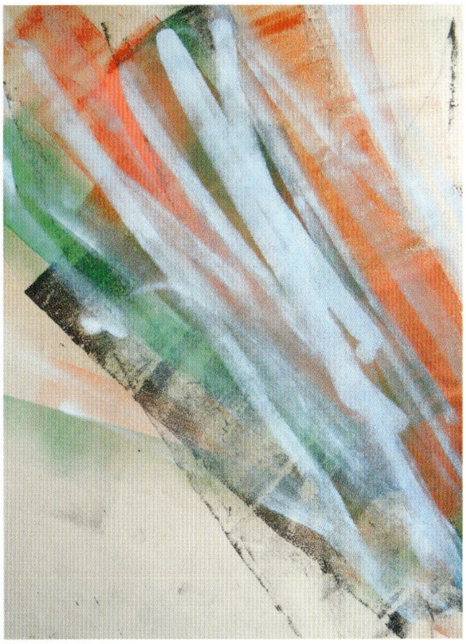

ローラーペイント

スポイト

垂らしたり、転がしたり

誰にでも参加が可能な授業です。楽しく意欲が出るように、筆だけではなくスポイトやローラーなどで引きつけてみましょう。色の違いや変化に注目できるようにします。

混色は意欲や興味を引き出しやすい作業です。混色それ自体を楽しむことができるように工夫してみましょう。

垂らし絵……スポイトを使って

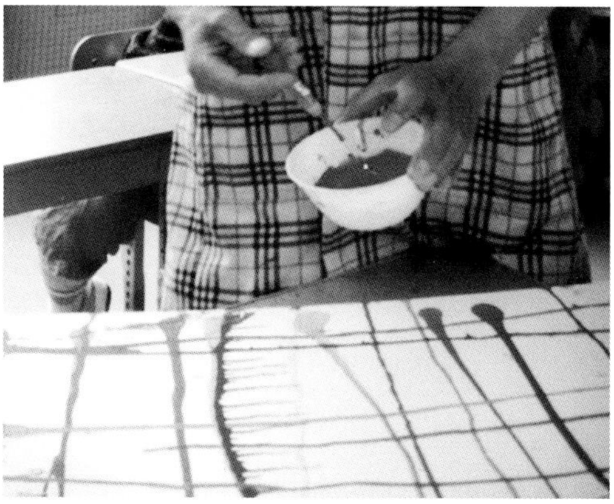

すすめかた

① 教師が実際に絵の具を垂らし、色の流れるのを見せる。

② 色画用紙から好きな色の紙を選ぶ。

③ ビンに絵の具を溶き、スポイトに含ませる。

④ 画面に向かって、絞り、垂らす。

⑤ 紙の方向や傾きを変えたりして、流れに変化をつける。

★画用紙の端からゆっくり垂らす。画板を上下、斜めに動かしたり、揺らしたりして、流れる絵の具の動きの変化を楽しむ。

●材料と用具

・色画用紙（濃い色画用紙、鈍い色も）
・水彩絵の具　・画板、画鋲
・スポイト　・ビン…数個（透明）

Point

●ビンに絵の具をつくる時も、色の学習として子どもたちの目の前で行なってみましょう。透明なビンに絵の具を入れ、水を加え、かき混ぜます。混色も。

●スポイトに入れる時には少し水は多め（ジュースくらい）にします。

●ローラーで色を混色する時は水を少なくして、ネバネバ（マヨネーズくらい）する感じに。

●どの課題もできあがったらみんなで見合いましょう。達成感が次につながります。

ローラーで描く

すすめかた

① 色画用紙を選び、画板にとめる。

② 大きめのバットに絵の具を出し、平ローラーで練り、混色を楽しむ。バットは複数用意し、数色つくる。

③ 各種ローラーを使って、画面に色をペイント。

④ 転がす方向やローラーを変え、色を重ねる。

●材料と用具

- 画用紙または色画用紙
- 水彩絵の具（大チューブ）　・バット
- ローラー各種

混色を楽しむ

すすめかた

① 大きめのバットに絵の具を出す。

② 白色を少し端に入れ、ローラーで混ぜる。

★白が混ざり合う途中の色の変化を楽しむ。このローラーを紙に擦りつけ、色の変化を発見しよう。

③ バットを3つくらい用意し、それぞれ白を加え、楽しんだら、色と色を組み合わせて、さらに混色を増やす。そのつど、ローラーで紙に色をつけてみる。

発展

■色水をつくる絵の具を革用の染料に代え、和紙で染紙づくりに発展させると、ちぎり絵などに使えます。(p73)

■ローラーでの作業が楽しめたら、絵の具を、版画用の絵の具に代え、版画づくりへと発展させられます。(p26)

■画板に貼りつけた画用紙のほうを回転させたり、動かしたり、紙を湿らせるなどアイデアをふくらませ、発展させましょう。(右)

ロクロに板を置き、回転させて描いた（中学部）

スプレー（中学部）

ローラーで画面にペイント後、ブラシで着彩（中学部）

スプレー（中学部）

ブラシ（中学部）

握る、叩く、ひっかくなどの動作が画面に色や形であらわされると、その子らしさがその動きや色からみえてきます。偶然にできたような模様や色にも個性の芽生えを発見しましょう。

ブラシやスプレーを使って

坂井　完・三嶋眞人

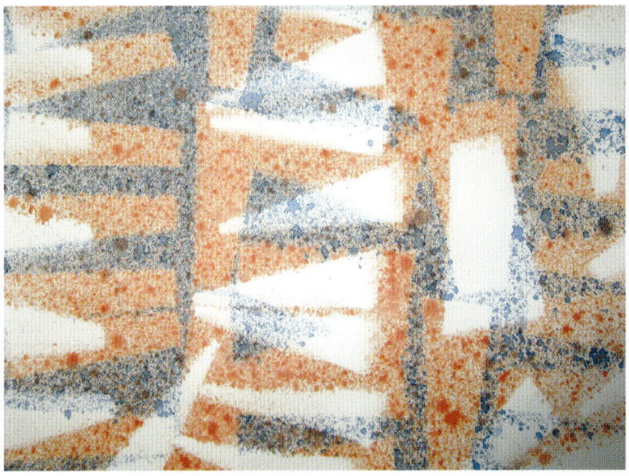

付箋を貼ってスプレー（中学部）

ブラシ

ひも筆、ブラシ（共同制作・中学部　300cm×180cm）

スプレー

コロコロドローイング
（ビー玉に色をつけて転がした・中学部）

ブラシやスプレーを使って

ローラーで色つけした後に、ブラシやタワシのようなもので腕や手の動きの跡をつけるのも楽しいです。画面にその子らしさを定着させるためには、さまざまな工夫があります。

ブラシを使って

すすめかた

① 色画用紙から好きな色の紙を選んで、画板に画鋲でとめる。

② バットに絵の具を出し、筆や刷毛で色をつける。

③ 絵の具が乾いたら、仕上げにブラシで叩く、こする。

●材料と用具

- 画用紙（色画用紙、水彩画専門紙、白ボール紙、ダンボールなど）
- 水彩絵の具
- 筆、刷毛、ブラシなど
- バット…数枚　・練り板…数枚

スプレーで色を吹きつける

すすめかた

① ペットボトルにスプレーをつけ、霧を吹いて見せる。

② 色画用紙を選び、画板にとめる。

③ 薄く溶いた絵の具をペットボトルに入れ、スプレーをつけたものを数本つくる。

④ 紙片や付箋、マスキングテープ（粘着力の弱いもの）などを画面に貼りつける。

⑤ スプレーで色をかけ着色。

⑥ 貼りつけた紙を貼り替え、別の色をスプレーする。

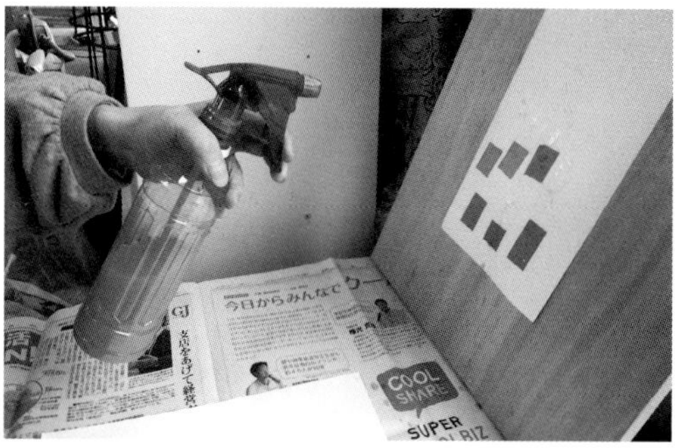

●材料と用具

- 水彩絵の具　・革用染料
- 画板、画鋲
- ペットボトルとスプレー…数本
- 付箋やマスキングテープ

ペットボトルにスプレーを取りつけたり、ふたに穴をあけて、ふりかける。

Point

●色を重ねても、ブラシで引っかいても、破れないような厚手の水彩専門用紙が丈夫ですので、使ってみましょう。

●スプレーは吹き出し口が細いので、絵の具だとかたまって詰まってしまうことがありますが、染料はかたまりません。革用のものは手に入りやすいので、試してみてください。

発展

■ブラシやタワシを使って色が楽しめれば、筆にもいろいろ工夫してみましょう。棒の先にひもをつけて叩きつけたり、ゴムや毛糸を弾いてもおもしろいです。

■ビー玉などに色をつけて転がして、楽しむこともできます。

■いろいろな筆やブラシについてはp37を参照。

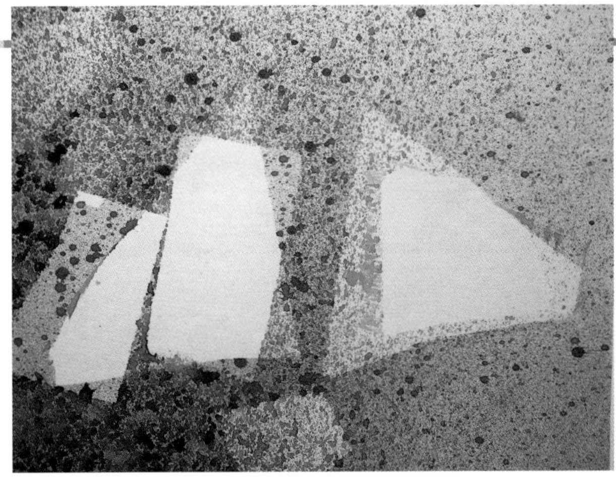

切りぬいた型紙を台紙にのせスプレー。乾いたら、また型紙をのせスプレーしました。

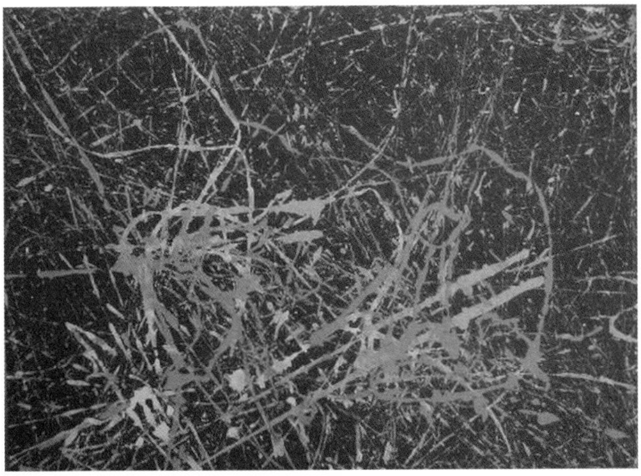

ビー玉の代わりに磁石玉を使い、釘をさした透明のふたをかぶせると玉は意外な動きに……。

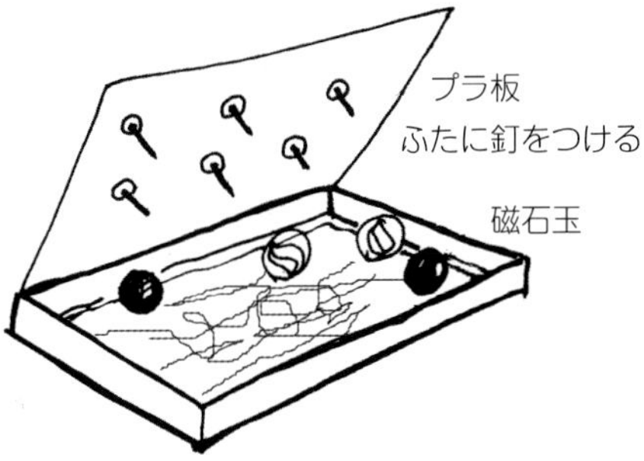

いろいろな水玉模様（20cm×20cm）

ストライプの共同作品（60cm×80cm）

水玉の共同作品（60cm×80cm）

水玉、ストライプを描こう

水彩絵の具を楽しむⅠ

大多アキ子・江渡信子

水彩絵の具で大切なポイントは、色つくり（混色）・筆の使い方（筆の先に思いを込めて）・水の調整の３つです。そのための用具や紙など、描くための準備も大切です。初歩の段階から基礎を身につけましょう。

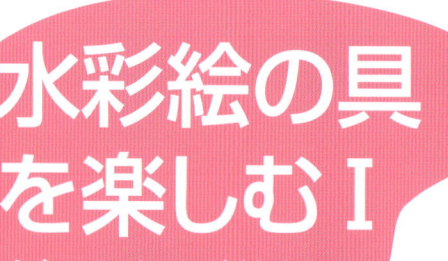

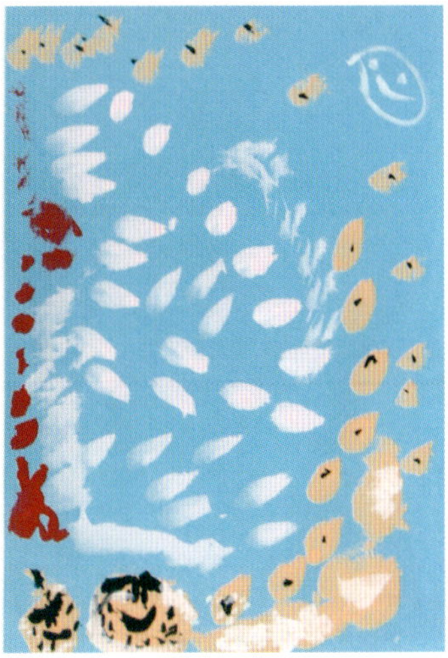

生活体験の中から、絵の具を楽しもう

桜が散って桜吹雪の中を遊びました。後から後から降ってくる花びらに子どもたちは歓声をあげました。「さくらのはなびらってやわらかい」（小学校）

シャワーを浴びた（小学校）

雪の日（小学校）

水彩絵の具を楽しむⅠ

楽しんで描きながら絵の具の基礎を学びましょう。生活年齢の高い子は、デザインや用語について生活の中で関心を広げる機会にもなるでしょう。できあがったら個々の作品をつなげて、共同の学びと鑑賞ができます。

水玉、ストライプを描く

すすめかた

① 見本や用意した小物を見せ、図Aとマッチングする。

② 生活用品と結びつけながら、今日のテーマを決め、絵の具セットを用意する。

③ 図や映像で示し、作業ごとに活動を区切りながらすすめる。

④ **【水玉】**色数を指定し、「規則的並び」「大小」「列」など、テーマを決めると描きやすくなる。黒の画用紙には「色＋白」の混色で色味を広げる。

⑤ 展示・鑑賞

★ストライプは作品を交互に組み合わせる。水玉は市松模様にして、全体の模様を楽しもう。

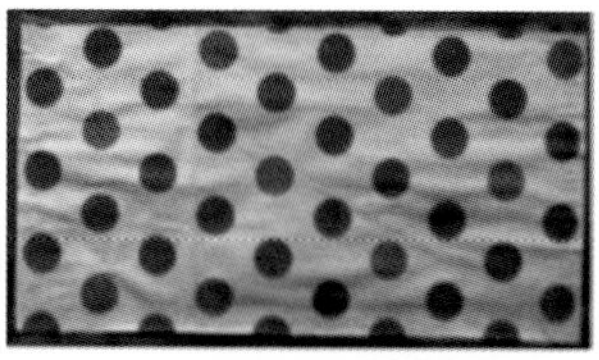

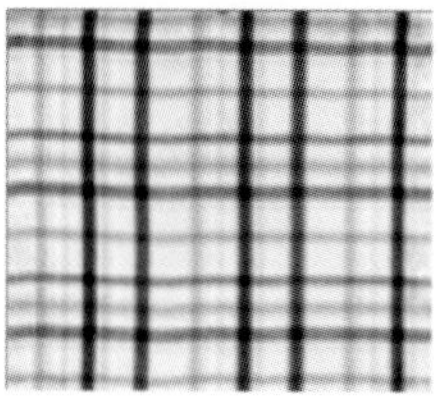

図A

絵の具の使い方を伝えるのは難しいので、図に描いて黒板に貼ったりして、いつでも見てわかるようにしておきましょう。

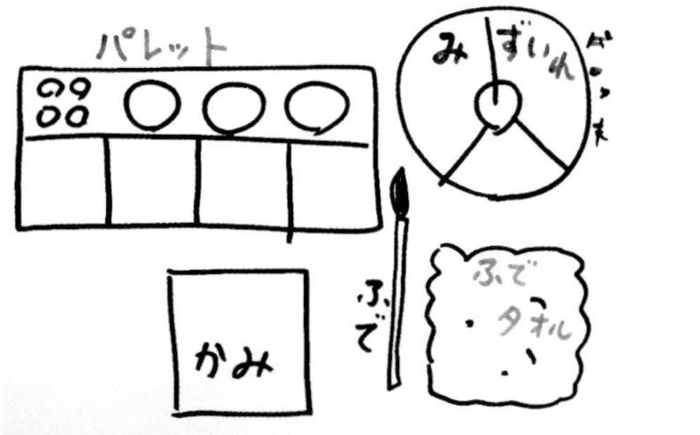

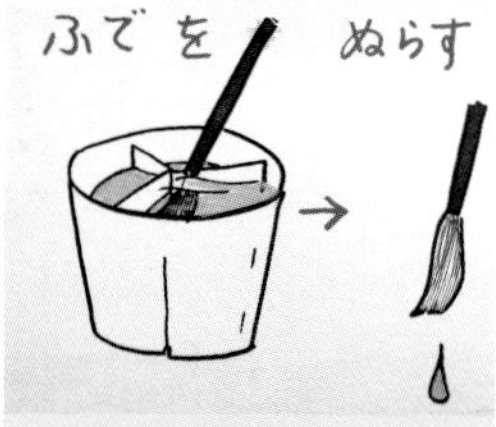

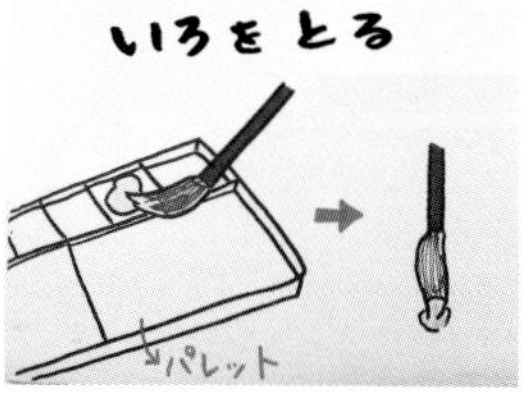

ひらひら落ちてくる桜の花びらを点描で描く

すすめかた

①　桜の舞い散る校庭に出て花びらと遊ぶ。
②　教室に戻り、共同絵の具で描く。
●筆で直接花びらを描く。
●花びらが木から地面へ落ちてくるのを思い出し､「ひらひら」と言いながら描く。
③　遊んでいる自分を描く。
●絵の具が初めての子どもは、花びらだけ描く。

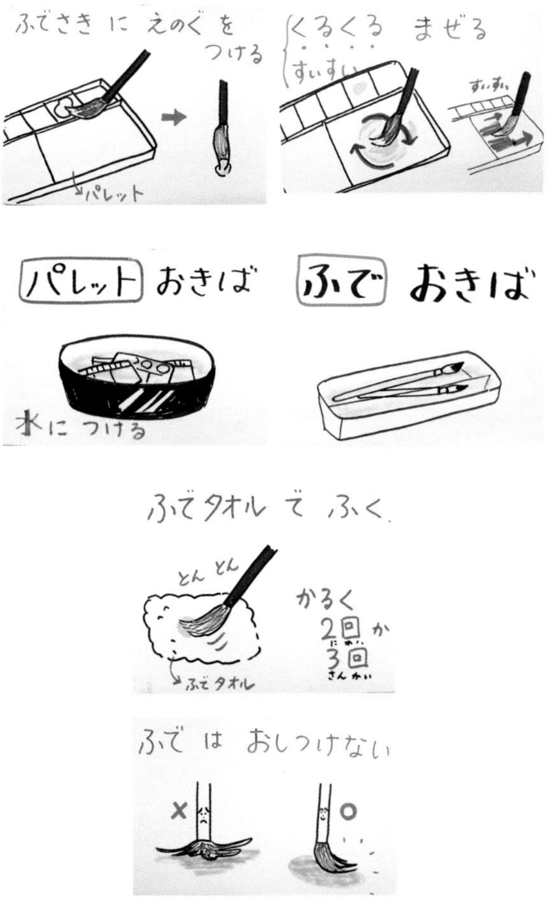

Point

共同絵の具
●共同で使用するのは、まだ混色が１人でできないとか、筆の水加減などで画面が汚れてしまうような時に使います。混色やパレットの使用、筆など個々できることが異なりますので、それぞれの力に合わせて、用意しましょう。

水入れと絵の具用ぞうきん
●水入れ…筆を洗う水。色をつくる水などはしっかりと分けて使います。
●ぞうきん（タオル地の布）…水彩絵の具ですから水加減がとても大切です。スポンジなどではなく、吸い込みのよい布を手元に用意して置いておきましょう。

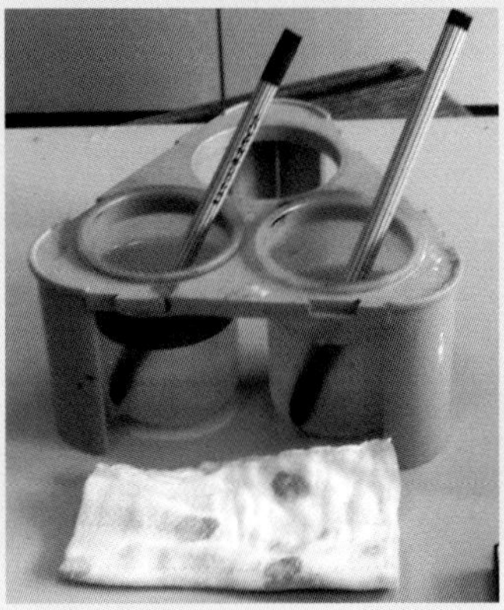

ふんわり花びら

ザーザー雨です

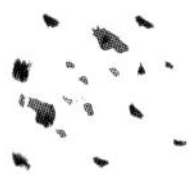

ケーキにかかっているお砂糖

みんなでつくったケーキです。食べたいのをちょっと我慢して、おいしそうなケーキを見て描きました。（小学校）

水彩絵の具を楽しむ Ⅱ

江渡信子

生活の中から興味のあるものやドキドキする体験を探しましょう。直接、絵の具で気持ちを大切に描いてみましょう。

ケーキの発展で「いちご」「とうもろこし」を描いてみました。

授業の準備をしていると、校庭から大玉送りの歓声が聞こえてきました。運動会の練習の真っ最中です。今の子どもの生活の関心事を絵にしたいと思いました。子どもの声が聞こえるでしょうか。

運動会の中での逆立ちに、とても興味を持って描きました。（小学３年）

水彩絵の具を楽しむ Ⅱ

食べ物や楽しかった経験が一番です。描く時に声を出して、動きを実感しながら筆を使ってみましょう。

トントントン、ス〜、ペタペタ、パッパ……描く気持ちを全身であらわして。

ケーキを描く

子どもたちは、食べ物教材には特に興味を示します。生活科でケーキをつくるというのを聞いて、その後に描きました。

表現は、五感を通しての感じが強いほどリアリティが増すようです。食べ物は触覚、匂い、味覚……さまざまな要素がいっぱい詰まっています。

ほかにも暮らしに関わるさまざまなところから、題材を探してみましょう。

すすめかた

① みんなでつくったケーキをカットし、それぞれの前に置く。

② 見たり、においをかいだりして、思ったまま言い合う。

③ 共同絵の具で描く。

●筆で直接描く。

★つくった順番に描く。

●スポンジを描く。

●生クリーム、はさんだフルーツを描く。

●スポンジを描く。

●生クリーム、飾ったイチゴなどを描く。

④ 食べながら壁に貼ってある絵を見合う。

●材料と用具

・手づくりケーキ　・色画用紙

・ポスターカラーセット

Point

●共同絵の具は、濃い目に溶きます。

●重色は、おいしそうになるように、スポンジの色が乾いてからフルーツの色をのせるように描きます。

●紙の色を少し考えて、ケーキがおいしく見えるような色画用紙を選びましょう。

●ドライヤーを用意しておくと、乾燥を早めるのに便利です。

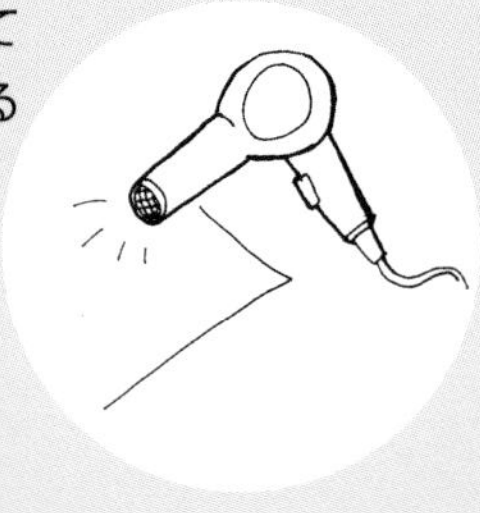

行事を描く

「運動会を描こう」というだけではどんな場面にすればいいのか、迷うことも多いです。その時の雰囲気、様子や出来事を話し合いながら場面を決めていきましょう。

すすめかた

① 映像で写したり、運動会での応援、音楽などを流して、様子を思い浮かべる。

② 絵の具で大玉を描く。

- 筆を丸く動かし、だんだん大きくして大玉を描く。
- まだ筆を丸く動かせない子どもは、点を集めて大玉を描く。

③ 絵の具で大玉送りをしている自分や、友だちを描く。

- 肌色で直接人間を描く。
  頭、からだ、手とかたまりでとらえて。
- 乾いてから運動服を着せる。
- 目や口を入れる。

●材料と用具

・共同絵の具（ポスターカラー絵の具は、指導者が溶いておく。それを子どもがパレットに取り、使う）
・色画用紙…八つ切り　・筆…大、小

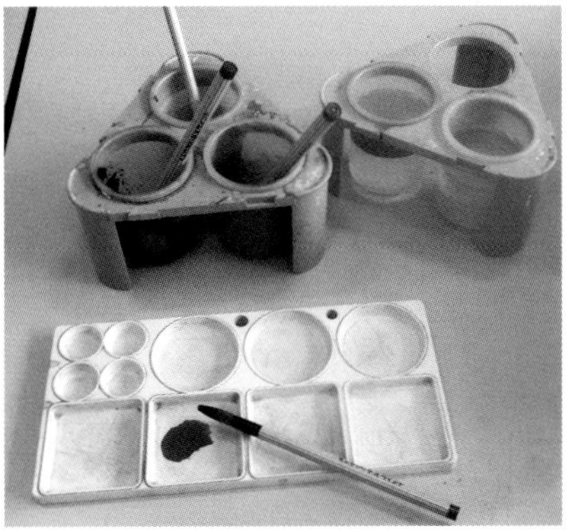

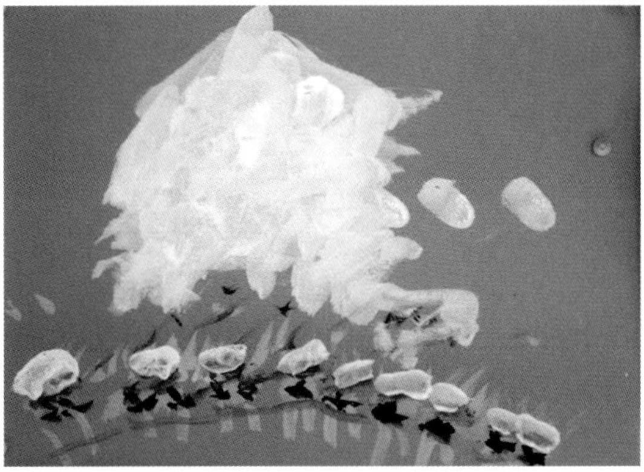

Point

●このような体験を描く場合、鉛筆で下書きをしてから色をつけるという順序だと、形を描くのに時間がかかったり、形に色をつけるだけのぬり絵になってしまうことがあります。直接、絵の具で描くことで、筆先を通してその思いが伝わり、子どもの勝ちたいという、はじけるような思いが画面に出てきます。

●ほかに水遊び、花火、イモ堀り、動物とのふれあい……なども楽しいです。

走る、走る（中学部）

版画を楽しむ Ⅰ

三嶋眞人

版画は直接描くのではなく、版をつくる作業が入ります。絵の具をつけ、紙をのせ、刷り上げる……子どもにとって意外性があり、作業の中で興味をひく内容が多いです。

シール版画

シール版画２回刷り（中学部）

シール版画（中学部）

ステンシルローラー版画（中学部）

スタンピング色画用紙（中学部）

スタンピング色画用紙（中学部）

ステンシル版画（中学部）

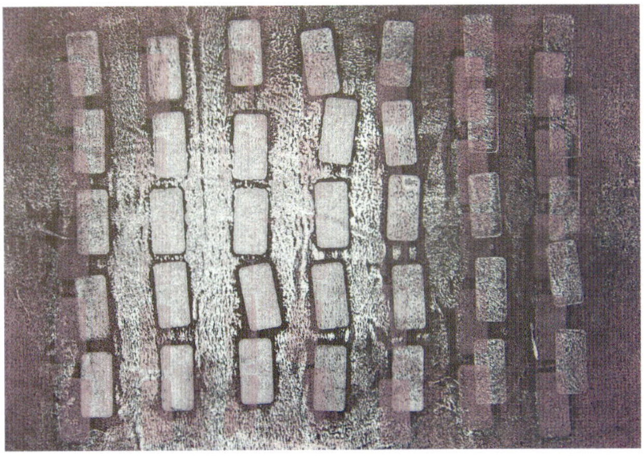

シール、テープ版画

版画を楽しむ Ⅰ

版画というと彫刻刀などの道具を使わせる難しさや、準備の大変さがイメージされ、取りつきにくいものですが、簡単にできるものもあります。ローラーでの混色遊びを楽しんだ後、それを発展させて、版画にも挑戦してみましょう。

テープ、シール版画

セロハンテープやシールは日常の生活にはよく使われます。貼ったり、はがしたり、色や形もちょっとおしゃれなものもあります。薄い紙のシールやセロハンテープでも凸版画になります。

●材料と用具

- 版にする厚紙（大きさはさまざまに）
- シールやテープ、付箋など
- 水性版画インク…６色くらい
- 色画用紙（印刷用）
- バット（インク練り板）…数枚
- 平ローラー　・バレン

すすめかた

① セロハンテープやシールをいろいろなところに貼り、あらかじめつくったものと、版と比較して見せる。

② 厚紙（大きさはハガキ～B5くらい）に、シールを貼りつける版をつくる。

③ ローラーペイントの要領で版にインク（版画用水性インク）をつける。

④ 刷り紙をのせ、バレンなどでこする。

⑤ １回目が乾いたら、版の向きを変えたり、ずらしたりして２回目を刷り込む。

⑥ シールのほかにセロハンテープやガムテープ、付箋などを貼りつけて、どんな模様が出てくるか試してみよう。

⑦ 完成したら見合って、できばえを鑑賞しよう。

原紙にシール、テープを貼る。

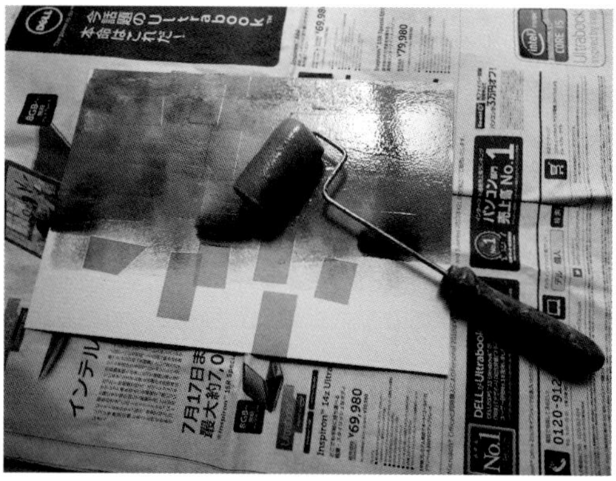

ローラーで絵の具をつける。

1回目の刷りと版

2回目の刷り。版があれば何回も刷れるので、色を変えたり、ずらしたり、重ねたり……版画のおもしろさです。

Point

- テープやシールの凸凹はわずかなので、ローラーでつけるインクは少なめです。
- 水性版画インクはそのままの色ではなく、白を入れ混色して、色の変化も楽しみながらローラーで練ります。
- 版にインクがついたら、その場所で刷るのではなく、別の場所に版を移動し、印刷します。（印刷する紙が汚れないためです）
- 版や紙をのせる位置などをマークしておくと、紙の中心に刷ることや、反転する場合に便利です。

Column

教材、教具は意外なところで発見も

教材や教具を探す時にカタログから探すことが多いのですが、手にとって感じることができないし、セットになっていたりして使い方が決まっているものが多いのです。

子どもたちの特性はそれぞれで、どの子どもにも適応するわけではありません。

その子に合わせてより使いやすい、取りかかりやすいものを工夫することが必要です。ここでは、どこかで誰かが探したり、発明（？）したり、工夫したものをいろいろ紹介してみました。

教材に子どもを合わせるのではなく、子どもに合った教材を工夫することです。画材屋さんだけではなく、文具屋さんやホームセンター、100円ショップなどものぞいてみましょう。教材は足で探すということでしょうか。

身近な野菜などを輪切りにして、スタンプとして使っても版画を楽しめます。

立体版画
紙粘土でレリーフをつくり、それにインクをつけ、版画にし、何枚も刷って、並べて楽しんだ。（中学部）

版画を楽しむⅡ

三嶋眞人

版にはいろいろな種類があり、その工程も楽しいものです。シール版画から紙版画へ、立体版画、ステンシル（切りぬき）版画、カーボン紙版画、スチレン版画……。次々とやってみたくなります。

木版画（小学４年）

紙版画
紙を切り、福笑いのようにいろいろ動かして、表情や動きを楽しんだ後、貼りつけ、印刷する。作業の手順がわかりやすく、意外性もある。

ステンシル（布に刷り、文字を入れた・高等部　30cm×30cm）

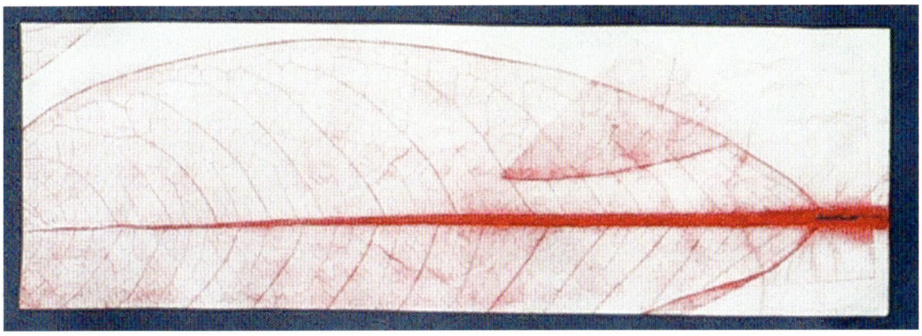

カーボン版画（中学部）

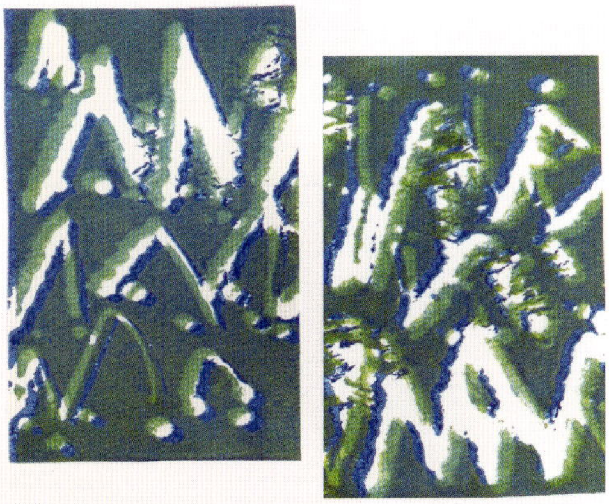

スチレン版画・2回刷り（中学部）

簡単リトグラフ（水性クレヨン・中学部）

版画を楽しむⅡ

版画にはいろいろな種類があります。幅広く楽しめる作業と、できあがりの意外性を含んでいますから、描画とは違った平面の作品になります。

前のページの図版に沿って、少し紹介します。

木版画

すすめかた

①立体版画

紙粘土でレリーフをつくって、それにローラーでインクをつけ、柔らかい紙（少し湿らせた紙）をのせ、バレンではなく、スポンジや手で下の形を感じながら押しつけて刷ります。

②紙版画

小学校低学年でよく行われる版画ですが、なかなか奥が深いものです。パーツに切りぬいた紙を動かして表情や動きをつくり、気に入ったところで貼りつけ、ローラーでインクをつけて刷ります。

③ステンシル版画

版になる紙を切りぬき、それを刷る紙や布にかぶせ、ローラーなどで穴のあいたところに色をつけていきます。穴の位置を動かして、パターン模様もできます。

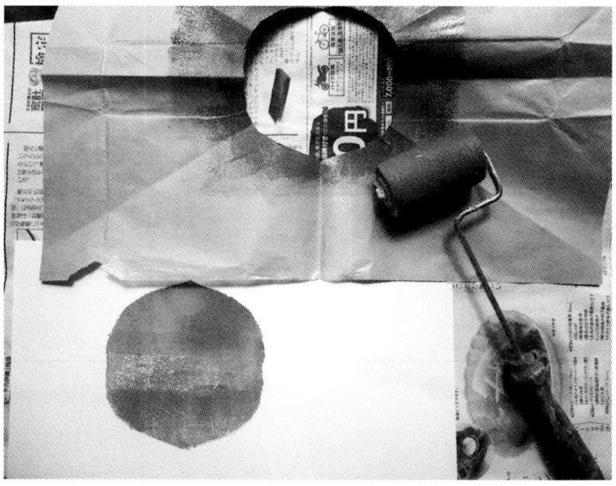

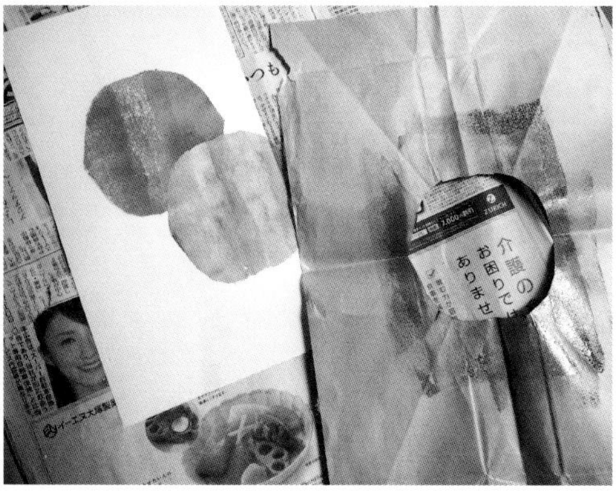

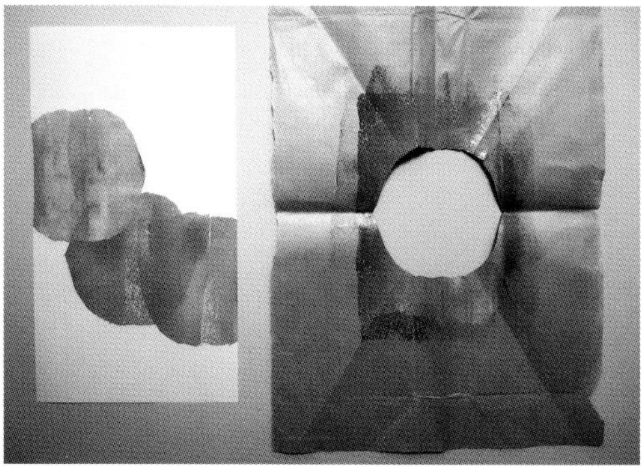

④スチレン版画

柔らかい発泡の板を版にしますから、鉛筆やかたいもので押しつければ凹みます。線香などで熱を近づけると、意外な模様ができます。

⑤簡単リトグラフ

水性クレヨンの特性を利用した平面版画です。透明下じきを下絵にのせ、直接クレヨンで描きます。その上に湿らせた紙をのせ、スプーンの腹などのかたいものでこすります。

⑥カーボン版画

版画用のプレス機を使います。葉やレース、糸などをプレス機にのせ、その上にカーボン紙、画用紙をのせプレスします。（プレス機を使ったこすり出しです）

Point

- 版画は印刷の一種ですから、1枚ではなく複数枚の刷りが可能です。その複数性を利用して、単純な形から、複雑なものへ、作品をつくることができます。1回だけで完成ではなく、いろいろな工夫ができます。
- 制作過程から完成まで見通しながら制作するということは難しいことです。完成をあせらず、それぞれの工程の中に学習課題を入れながら、時間をかけて取り組みましょう。
- それぞれの過程ごとに見本をつくっておくとわかりやすいです。

Column

カレンダーなどにして、身近な人に共感してもらおう

保護者や身近な人に、その子らしい特性や個性を感じさせるような表現を、美しい形でプレゼンテーションすることは、支援者の大きな役割です。作品のどこか一部でも「その子らしさ」のあるところを見つけ出すこと。その部分をトリミングして、引き立つような台紙に貼りつけ、装丁して見てもらうことは、この子と外部をつなげる大切なコミュニケーションツールだと思います。

装丁した作品の下にカレンダーを貼りつけて保護者に返却すると、その間は飾ってながめてもらえます。その作品を手がかりにその子への関心が広がり、深まればと思うのです。

森へ行こう（高等部　270cm×180cm）

運動会の応援パネル（高等部　270cm×180cmが3枚）

共同制作でつくる

奥田さが子

共同制作は楽しいものです。

教室のみんなで力を合わせ、大きな画面に力いっぱい筆やローラー、ほうきなどで背景を描き、はさみが使える子、描くのが得意な子、それぞれの持ち場で、それぞれの持っている力を出して、ああでもない、こうでもないとコミュニケーションしながら作品ができていきます。

海の中（高等部　270cm×180cm）

共同制作（中学部　300cm×180cm）

共同制作でつくる

学年などの大きな単位のグループで、それぞれの力を合わせて大きな作品に取り組みましょう。
制作過程にさまざまな課題をつくることのできる題材です。できることを分担して大作に取り組み仕上げることで、大きな達成感を共有できます。

力を合わせて共同制作　運動会応援パネルの例

すすめかた

① みんなで、運動会の写真などを参考にしながら、元気に運動している絵を描こう、と話し合って課題を確認する。

② グループ分け（仮に１グループ、２グループ）する。

③ より重度の１グループは、バックの色をみんなで楽しく描く。青系、赤系、などおよそ決めて何色か用意し、ローラーやほうきなども使ってダイナミックな活動にする。

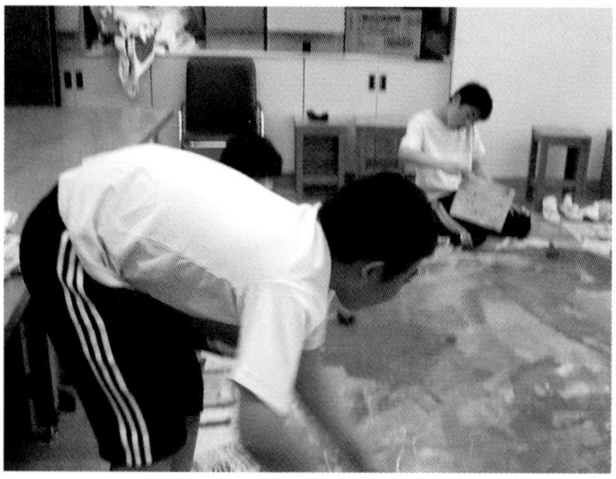

④ ２グループは、「かけっこで友だちとどっちが速く見えるかな」など言葉を投げかけて、身体の部分を並べて人の動きなどを出してみる。「うまくいった」ら、体の部分を貼って洋服を描いていく。

⑤ １グループの描いたバックの上に、④でつくった動きのある人を切りぬいて貼ったり、直に「楽しく運動している人」の絵を描く。

⑥ みんなで鑑賞し、それぞれ友だちと自分がどこをがんばったか話し合う。

⑦ 運動会の時に飾って、保護者やほかの学年、学部の仲間にも見てもらおう。

●材料と用具

・全判の大きなダンボール紙（人数に合わせて。10人で1枚くらいの目安）
・絵の具（耐水性の水性絵の具を大きなチューブや缶などの単位でそろえる）
・筆のほかに、ローラー・ほうき・刷毛など大きな活動の可能なものもあるとよい。
・課題によって、画用紙・色画用紙・はさみ・のりなど

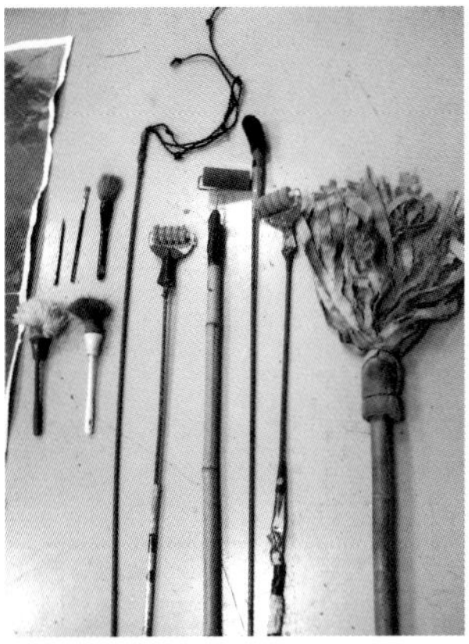

大きな紙に描く時に使用した筆、道具など

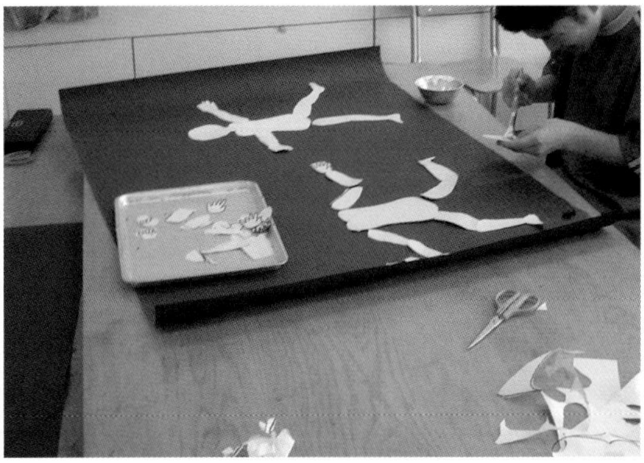

Point

●共同制作はかなりの準備が必要です。教室の環境、広い場所、大きな筆や描画材料……、みんなでわいわいそろえたり、準備したり片づけたり……、これも大切な学習です。実りの多い取り組みですので、実践してみてください。

●大きな紙が必要ですが、ロールになっている厚手の和紙などをガムテープで裏打ちしたり、全紙のラシャ紙をつなげたりしてみましょう。

●画面の背景づくりは普段できない大胆な色遊びだと考えて、はだしになって、汚れても大丈夫な服で楽しみたいものです。

ふれて感じる 粘土であらわす

三嶋眞人

たこ焼き、ケーキづくり、あおむし、ヘビ（p42 ～ 49）

人形づくり（p50 ～ 53）

形あるものを形であらわすこと

眼で見えるものには「形」があり、「色」があります。絵や版画のように色を活かし平面でものをあらわす表現にくらべ、立体による表現のほうがわかりやすい、取りつきやすいという子もいるでしょう。

形あるものにふれ、そこからものをつくりかえるために、人は技術をあみだし、イメージをふくらませてきました。ものを創りだすという前に、材質感や形にふれながらの導入は大切だと思います。

容易に形を変えられる粘土は、何回でもやり直しができる、とてもいい教材です。経験のない感触に抵抗のある場合もありますが、工夫してたくさん取り入れたい素材です。

粘土には土粘土、油粘土、紙粘土、小麦粉粘土などさまざまな種類があります。

人間にとって究極の遊びは、「泥遊び」「水遊び」「火遊び」と言われますが、土粘土はまさに泥遊びがたっぷり楽しめる素材。その上、焼いて生活のなかで使うものをつくることも可能な、最も古くから使われてきた身近で優れた素材です。右ページに、かたまった粘土を砕いて再生するやり方を書いておきましたが、この過程もよい授業になります。

紙粘土なども、それをつくるところからの実践を紹介しました。市販のホイップ粘土などと組み合わせて、表現の幅を広げながらぜひ挑戦してみてください。

土粘土をもっと楽しく

レリーフ（紙粘土・中学部）

かたまってしまう土粘土をもっと身近に感じてもらうために粘土をつくるところからはじめましょう。そんなところからはじめると、いろいろな発見があり、楽しく参加できることもあるはずです。

すすめかた

① カチカチの土粘土を大まかに割っておく。（教師の仕事）

② 粘土のかたまりを木槌やかなづちで細かく割る。

★割れたのが飛ぶようなら布をかけて、その上から叩く。

③ 細かくなってきたら、丸棒（うどんなどを伸ばすような棒）でころがし、さらに細かく砕く。

④ ふるいにかけ、粉だけを集める。

⑤ その粘土の粉に水を少しずつ加え、練っていく。

★小麦粉からのうどんづくり作業に似ています。

⑥ 水加減を調整しながら、粘土のかたまりにしていく。

⑦ その粘土を握りしめて開けば、箸置き？　オブジェ？　転がせばヘビ。丸くしておだんご。いろいろなイメージを広げてつくってみましょう。

⑧ 粘土で遊んだら、そのままかためて、再度、粉にして再生させて、何回も挑戦して、粘土の感触に慣れていきましょう。

このような再生していく材料はとても貴重です。使い捨ての時代に、土粘土を見直して欲しいですね。紙粘土の再生も同様で、かたまった紙粘土を細かくし、バケツの水に入れて置くだけで戻ります。

さまざまな粘土づくりの工夫を

●粘土にふれると、その感触をいやがる子がいます。手の汚れが気になるということもあるでしょう。感覚の体験でもあるのですから、嫌いだからとあきらめないで、ゆっくり、手ざわりのよいものやベタつかないもの、口に入れて大丈夫な粘土も工夫してみましょう。粘土を口に入れてしまう子がいる時は、小麦粉粘土などに食紅で着彩して使ってもよいでしょう。

●新聞紙を細かくちぎって、大きなバケツに入れ、かきまぜながら紙粘土をつくっても楽しいです。手近なところではトイレットペーパー紙粘土もつくってみたいものです。

●絵の具を混ぜ、色をつけたり、水性ボンドなどを入れると、さまざまな作業に取り入れることもできます。

●油粘土はベタつく感じが難点ですが、乾くことなく何度も使えるのが長所です。粘土の引っぱり出しや細く伸ばしやすく、細かい形成が自由で便利さがあります。使い方次第ということでしょうか。

発展

■引っぱり出しから手びねりへ発展し、おだんごづくりやひもができたら、粘土での表現はとても豊かになります。
■おだんごにして、叩いての板づくりですが、これもクッキーなどをつくりながら、楽しんで技を身につけましょう。

オブジェ（紙粘土・中等部
5cm×15cm×10cm）

土鈴　素焼きした粘土にアクリル絵の具で着色（中学校2年）

レリーフ（紙粘土）

焼き物にして……

焼き物にするには焼き物用の粘土が必要です。粘土質の土を探して、採取するということもありますが、これは専門店、教材屋さんから手に入れるのが簡単です。

釉薬をかけて本焼きにするというのは専門の陶芸釜がないとできませんが、素焼きぐらいだと中学校などにある陶芸釜で十分です。

素焼きしたものにアクリル絵の具などで色をつけたり、模様を描いたりしてもいいでしょう。粘土を焼き物にするというのは質の変化も感じられ、楽しいものです。

最近は、トースターやオーブンで焼ける粘土も工夫されています。

動物（焼き物・高等部　5cm×5cm）

だんごにして平らに伸ばし、本焼きしたお皿と箸置き

Column

自立を促す支援を（小さな親切、大きなお世話）

多くの授業は教師のリーダーがいて、生徒たちをフォローする介助者が側につき、すすんでいきます。美術の教育は作品ができあがることはもちろん大切ですが、それ以上にその表現過程やものの感じ方に寄り添って、それぞれの思いを形にあらわせるように引き出すことが目的です。たとえその時間につくれなくても、急がせることなく気長につき合っていくことが大切なのです。親切心からなのでしょうが、時間内に一定の物をつくらせるのが支援することだと、作品に余計な手を入れてしまうことがあります。

支援とは手をつかんでつくらせることではなく、つくるという意欲を高めたり、安心して取り組める雰囲気を演出するということなのです。

見守る、待つ……ということは教えることよりも大切なのかもしれません。

トイレットペーパー粘土のたこ焼き（中学部）

チョコビスケット、中のクリームは
ホイップ粘土（中学部）

紙粘土でつくろう

大多アキ子

粘土の感触を楽しみ、さまざまな素材や道具にふれ、イメージをふくらましましょう。

ちょっとした工夫で、おいしそうなものにできあがってきます。手や指の動きにも意欲があらわれ、楽しみながら作業がすすめられます。

紙粘土のプリン（高等部）

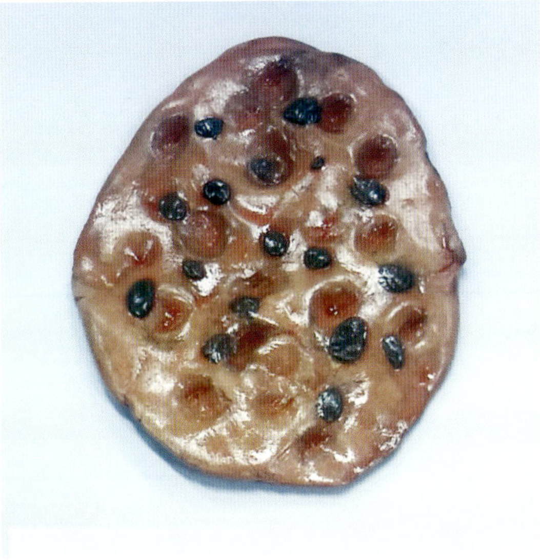

丸めた粘土を叩いて丸く広げ、「おせんべい」へ展開。
本物の醤油で着彩して、匂いも感じながら、木の実をトッピングして、「草加せんべい」をつくりました。
（紙粘土・中学2年）

完成品を見ると難しそうですが、
少しの工夫で取り組めます。

ケースもつくって、持ち帰り用の箱つくり。デザインの学習や、作品を大切にすることも学べます。（高等部）

紙粘土でつくろう

日ごろ関心のある食べ物を実際につくってみましょう。やってみると意外と簡単です。身近な素材でできるので、楽しい制作の時間になります。

「たこ焼きの歌」などをつくったり、歌ったりしながらお祭り気分になって取り組みましょう。

できあがったら、飾りつけをしたり、ケースなどもつくれば、さまざまな要素の活動ができます。

トイレットペーパー粘土でつくる「たこ焼き」

すすめかた

① トイレットペーパーの芯を、筆の柄などに通し、クルクル……クルと、景気よく紙を引き出す。（2人組でやってもよい）

② 引き出したトイレットペーパーをちぎる。

③ 洗濯のり、水などを、ほどよい粘度に混ぜたら、絵の具を混ぜる。（肌色＋黄土色など）

④ ③を丸める。1人で難しい子は、教師と一緒にやる。

⑤ 並べたら、上から、絵の具と洗濯のりでつくったソースやマヨネーズをかける。
★容器は、本物を使うととても楽しい。

⑥ 赤い紙を細く切り、紅しょうがに、緑の和紙は細かくちぎり、青海苔に見立てて振りかける。
★後から、ニスをスプレーして固定する。

⑦ ようじなどを添えると、さらにリアルになる。

●材料と用具

・トイレットペーパー　・洗濯のり　・絵の具
・赤い色画用紙、緑の和紙
・板目紙、または工作用紙など
・ソースやマヨネーズを入れる容器
（100円ショップで買える）
・はさみ　・ようじ

ソースやマヨネーズをかける容器

紙粘土でつくる「プリン」

すすめかた

①　粘土をちぎって丸める。（見本を見せる。1つは小さく、1つは大きいもの）

②　小さい粘土に、茶色＋黒の絵の具を少々混ぜ、カラメル部分にする。

③　カップに②のカラメル部分の粘土を、指でしっかり押してつめる。

④　大きいほうの粘土に黄色い絵の具を少し混ぜ、よくこねてプリン本体をつくり、③のカップに入れ、しっかりつめる。

⑤　カップの端をはさみで切り、クルクルはがして粘土からはずしたら、紙皿に置く。

⑥　トッピングをつくる。

●まず、ホイップ粘土で飾る。ホイップ粘土は、絵の具を混ぜれば、イチゴ味タイプ、抹茶味タイプ、チョコレート味タイプなど、いろいろつくれる。

●ビーズなどを、ホイップの上にパラパラと置いて飾る。

●洗濯のりと絵の具を混ぜて、ソースにする。

●ボンドを筆で紙皿につけ、その上から色砂をまき、シュガーに見立てる。

●材料と用具

・紙粘土　・ホイップ粘土　・洗濯のり
・絵の具　・色砂　・プリン容器　・紙皿
・ビーズ　・はさみ　・筆　・ボンド

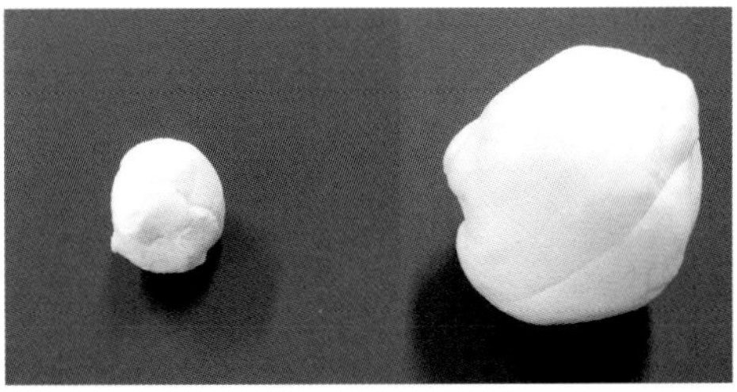

ケースづくり

①　型紙を元に、工作用紙をはさみで切る。

②　両端の中央に印をつけ、穴あけパンチで穴をあける。

③　表側にマジックで模様を描く。模様でも絵でも、なぐり描きでも何でも、アレンジは自由に。

④　工作用紙を組み立てて、つくった食べ物などを入れ、穴にひもを通して結び、完成！

●材料と用具

・工作用紙　・はさみ　・ひも
・マジック　・穴あけパンチ
・セロハンテープ

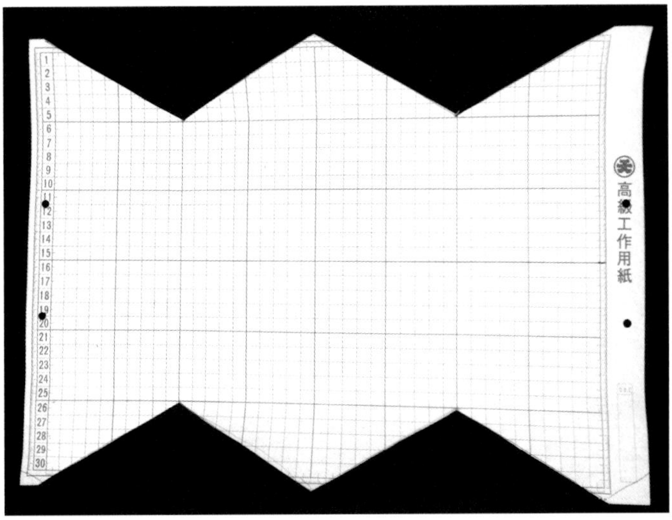

【ケースの展開図】

「はらぺこあおむし」の絵本を読んでつくりました。
（土粘土を素焼きし、釉薬をつけて本焼き・小学校）

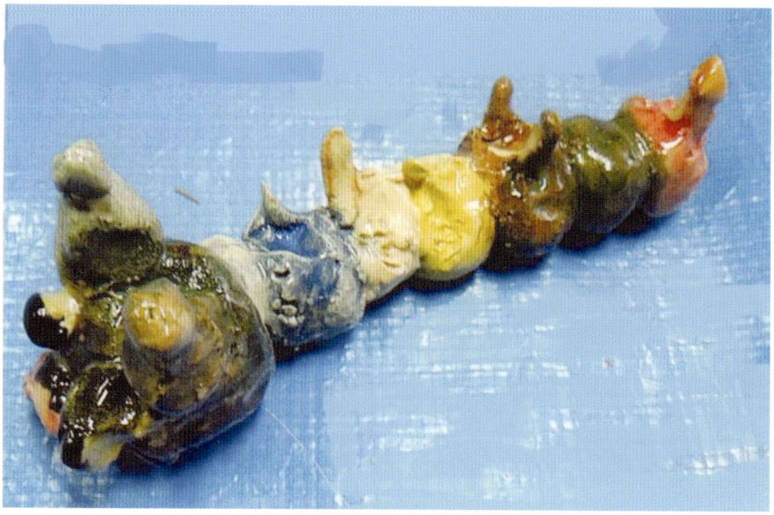

はらぺこあおむしをつくる

藤原初代

　何か形ができると、イメージがふくらみます。形が自由に変えられる粘土は想像の世界を広げます。おだんごからできる形を重ねたり、つなげたり、つまんだり、お話ししながらつくりましょう。

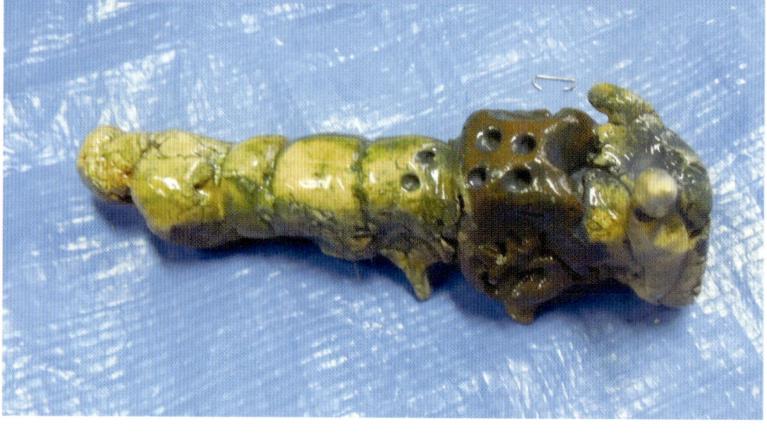

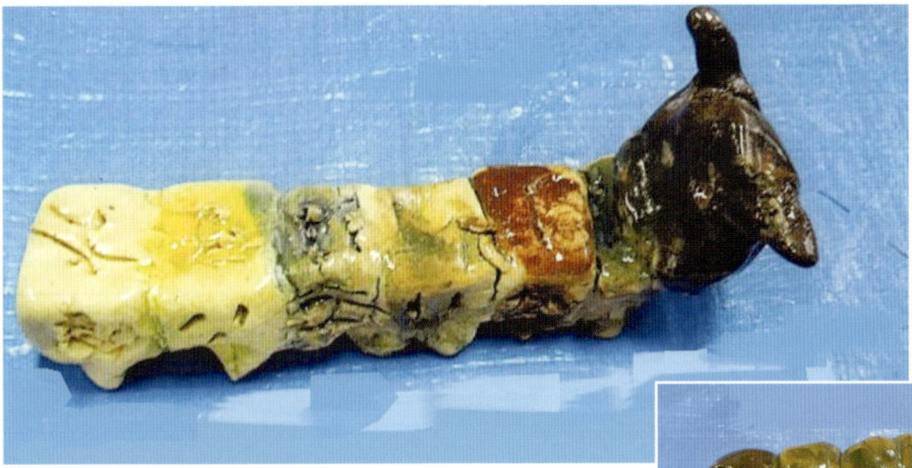

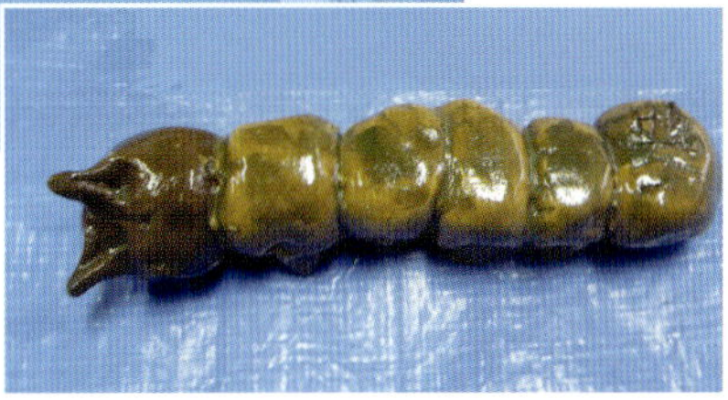

はらぺこあおむし（粘土　焼き物）

ヘビ（油粘土）

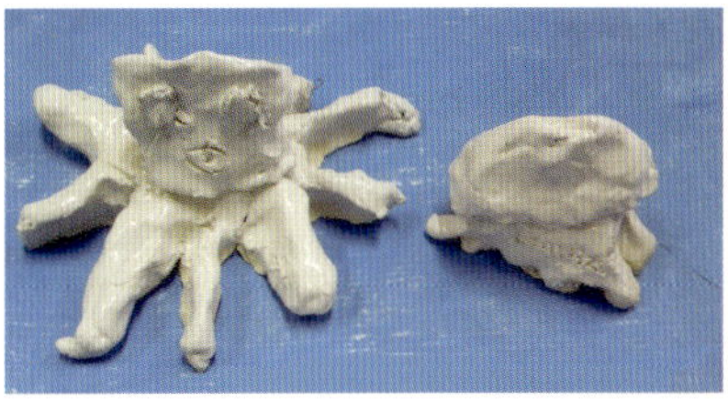

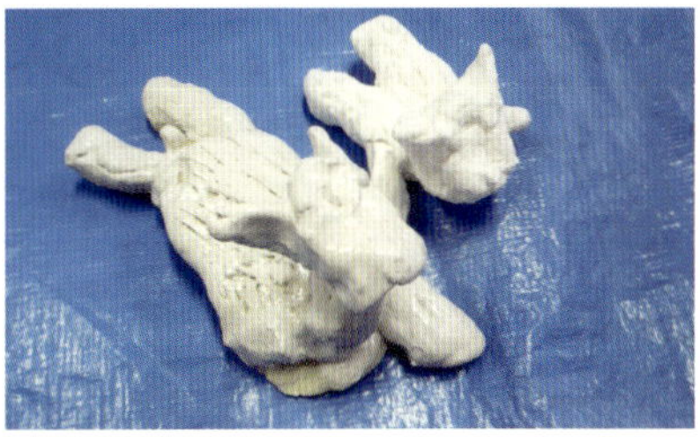

動物（粘土　焼き物）

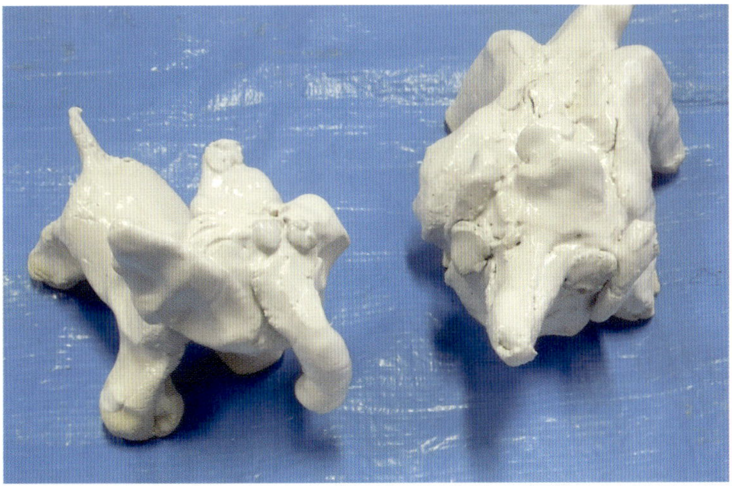

はらぺこあおむしをつくる

おだんご、引っぱり出し、ひもづくりは、手のひらや指先をたくさん使って、基本の形から楽しくつくりましょう。

「はらぺこあおむし」

おだんごからのへんしーん

「はらぺこあおむし」の絵本を読んで楽しんだら、食事中の「あおむし」の形を想像してみましょう。どんなものが好きなのかなど、それぞれの好みも聞きながら、イメージをふくらませます。

絵本の絵を手がかりに、基本の形（丸いおだんご）をつなげて、自分なりの「あおむし」をつくります。

丸いおだんごづくり、ドベを使っての接着は粘土の基本。手のひらと指先をしっかり使って基本の力を身につけながら、楽しんでつくりましょう。

虫の形は自由です。長い虫、短い虫、太い虫、細い虫、いろいろあっていいけれど、焼き物にするので、接着はしっかりとします。

●材料と用具

・土粘土　・粘土板
・粘土ベラか竹串…各自
・お盆　・お皿　・名札
・ドベ（粘土に水を混ぜてどろどろにしたもので、粘土の接着剤）

すすめかた

① 絵本「はらぺこあおむし」を読み聞かせる。
② おだんごをつくる。
③ おだんごをくっつけて胴体にする。(見本を用意)
おだんごの表面を傷つけて、ドベをつけてつなげていく。
虫の胴体をつくる。虫の頭部をつくる。
④ つくった胴体から、足を引っぱり出す。
⑤ 虫の顔を考えて触角を引っぱり出したり、目をくっつけたりする。
⑥ 身体に名前を彫り込むか、名札をのせて完成とする。
⑦ 十分乾燥させて、素焼き、釉薬かけ、本焼きをする。(教師の仕事)

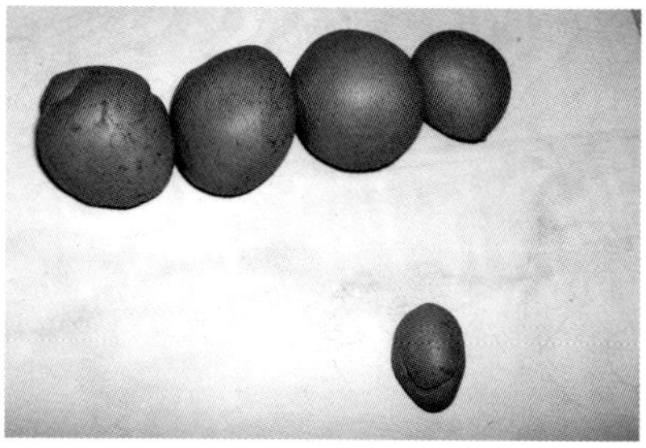

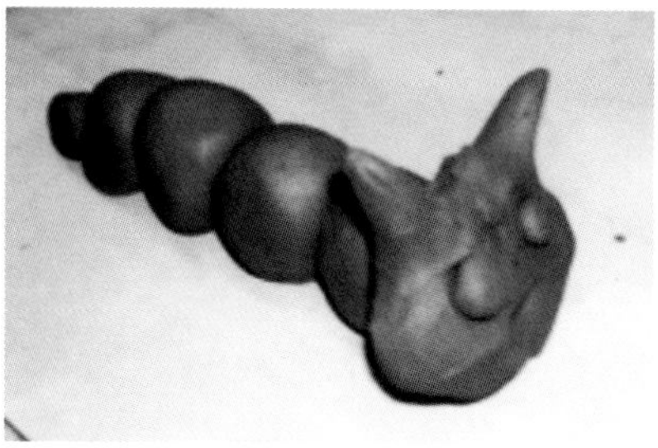

土粘土を丸めて、くっつけていく。この時、しっかりとドベで接着します。

「ヘビ」をつくる

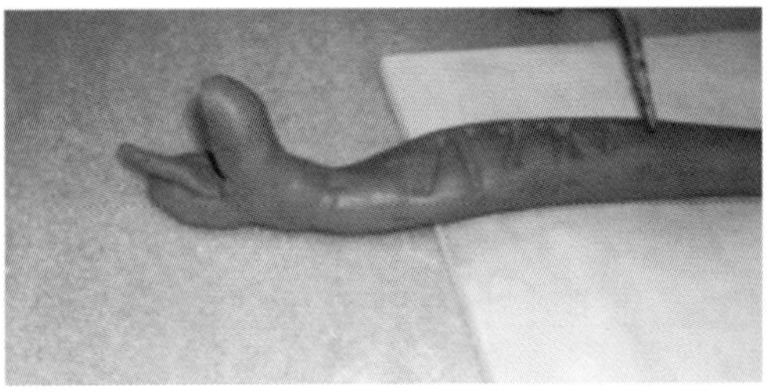

すすめかた

粘土を細長く均一に伸ばしてつくる「ひもづくり」も粘土の基本です。

ヘビを題材に、手のひら全体を使って基本の力を身につけながら、楽しみましょう。できたらいろいろなポーズをとらせると、おもしろいです。

本物はちょっと怖いけど、細長いひもで浮かぶイメージとしてはわかりやすいですね。（長い身体、大きな頭と口、いろいろな模様、腹のうろこ）

参考になる写真や絵があると、それぞれ工夫の手がかりになります。

粘土の引っぱり出しでつくる

粘土のかたまりから、つまんだり、へこませたり……自分のイメージをすぐに形に変えられる素材のよさです。

すすめかた

① 土をへこませ、種を植える。

② 土をかける。

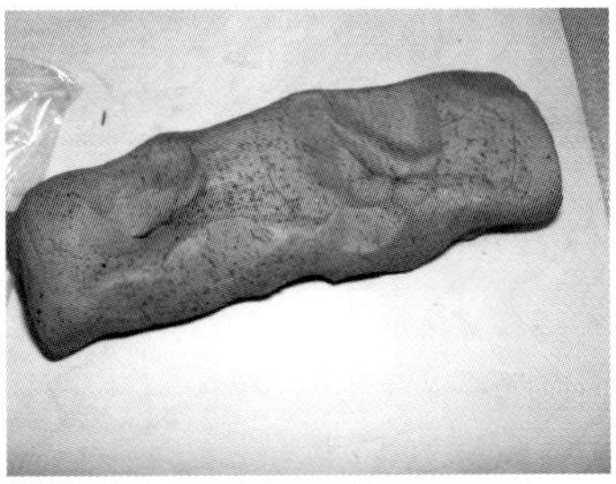

③ 地面から芽が出る。

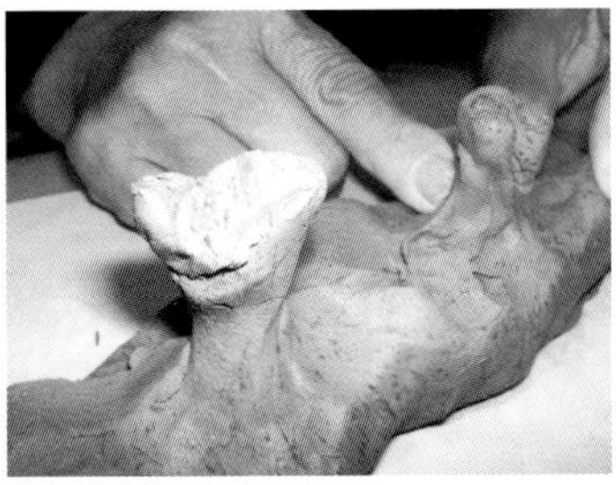

④ 木になる。

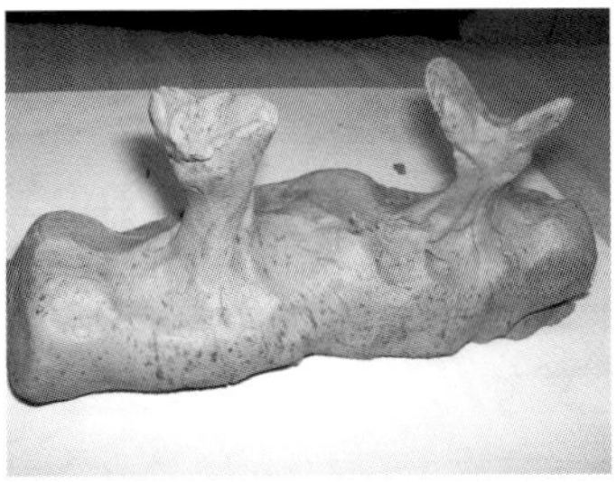

引っぱり出して
カメをつくりました。

紙粘土の棒人形づくり

中山加代

劇遊び、人形遊びは自分の姿を映し、共感し、そのものになりきって楽しめます。大きめにつくるこの棒人形は、動作も大きく、リアリティがあります。教室での劇は大盛り上がりで、笑いを誘いました。

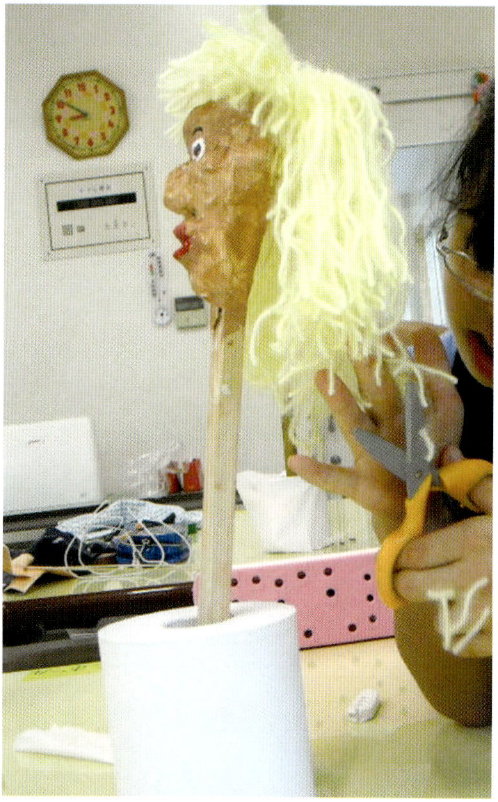

髪の毛を切りそろえて、髪型づくり。

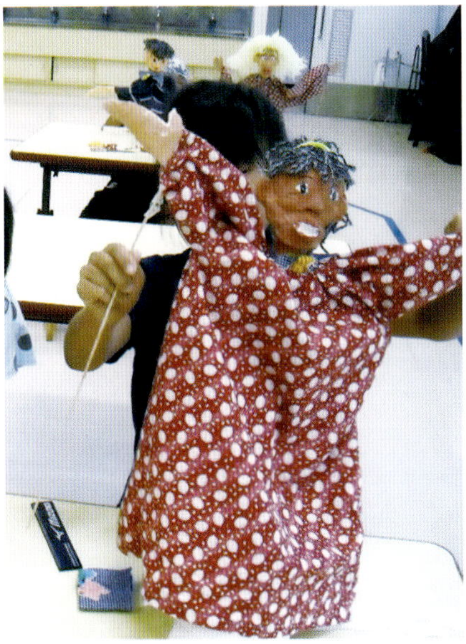

自分のお古の洋服を縫い直し。

手についた棒を動かして、いろいろな表情や態度を演じる。

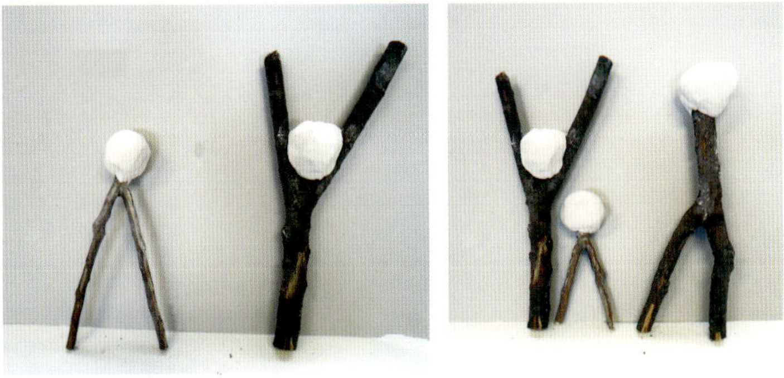

紙粘土でだんごをつくって、木の枝につけた人形

粘土を丸めて、顔を描いて……

まつぼっくりに紙粘土で顔と帽子をつけて人形に

棒人形づくりはなかなか難しくて取り組めない、という子もいるでしょう。そんな時はもっと簡単な人形をつくってみましょう。なにしろ子どもたちにとって人形はすばらしい友だちですから。

紙粘土の棒人形づくり

お楽しみ会での人形劇に使う「自分」をつくります。完成したら自己紹介や簡単な劇の台本をつくり、舞台や小道具をつくって楽しい劇にします。

すすめかた

① 教師がつくった人形を見せ、動かしながら興味をひく。

② 棒の先に新聞紙を丸め、テープでとめる。

③ 張子のようなやり方（p70参照）で頭をつくる。この時、鼻は高くしたり、目はへこませたり、口は開けたりすると立体感が出る。

④ 針金ハンガーを曲げて肩に置き、ガムテープで棒につける。

⑤ 工作用紙で手をつくり、手に竹ひごをホチキスでとめる。

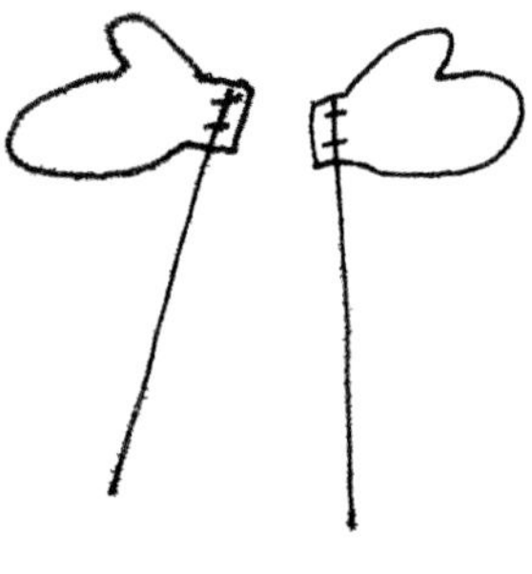

⑥ 手に紙粘土をつけて、ボリューム感を出し、紙を丸めて腕をつける。

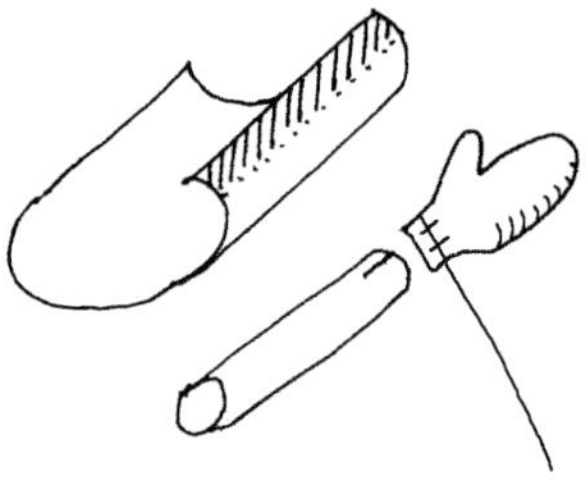

⑦ 顔が乾いたら、前髪と後ろ髪をつくり、ボンドで頭に貼りつける。

※糸の長さをそろえて切る。

⑧ 服をつくり（２歳用ぐらいのリサイクルの服でもいい）、首にボンドで貼る。

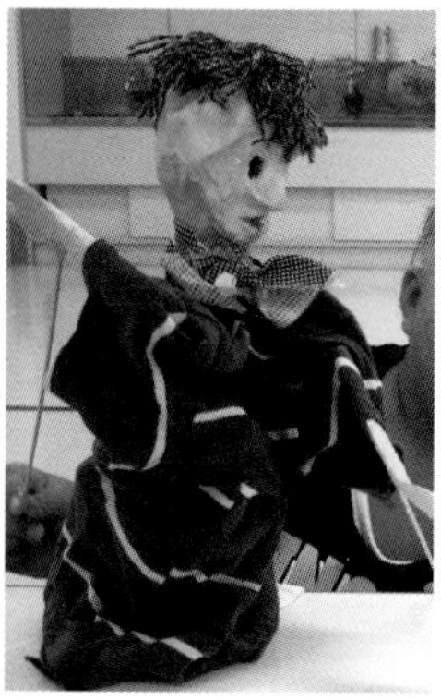

⑨　操りの竹ひごのついた手を洋服の袖に貼る。
⑩　顔と手を絵の具で塗る。

●材料と用具

・古新聞
・１cmの角棒を長さ45cmに切る
・障子紙　・絵の具セット
・針金ハンガー
・工作用紙　・いらない布　・毛糸
・竹ひご45cm…２本
・軽量紙粘土
・のり（うすく溶く）　・ボンド
・大型ホチキス　・はさみ

⑪　髪をきれいにはさみでそろえて切り、ヘアースタイルを考え、リボンなどをつける。

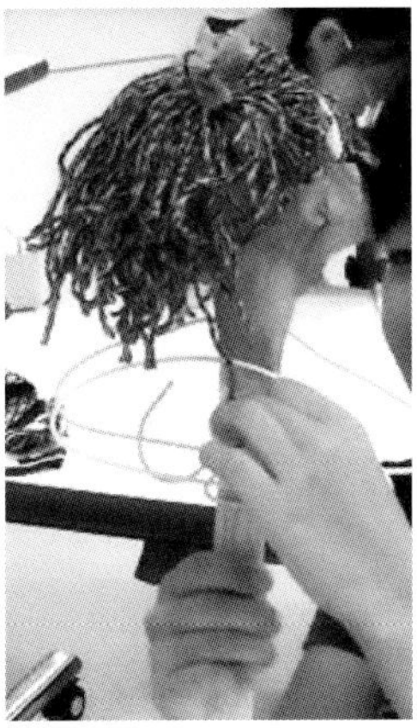

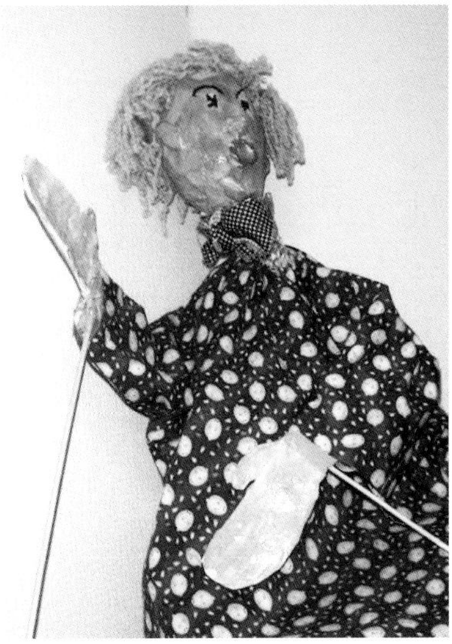

⑫　乾いたら手と顔にニスを塗る。
⑬　簡単な台本を考え、音楽に合わせて踊らせたり、小道具をつくって劇にする。

⑭　展示する時は、ペットボトルに砂を入れ、棒をさして立たせる。

棒人形づくりにとりくんだのは５、６年生。
作品が完成した時、子どもたちは、自然と人形を動かして楽しんでいました。お楽しみ会で１年から４年生に見せたら大ウケ。人形が動くだけでおもしろいようで、大爆笑でした。

自然素材と紙、道具・技術

三嶋眞人

さまざまな自然素材を使ってみよう

つる、木の枝、木の実、貝殻、石ころ、稲わらなどの自然素材はぬくもりがあること、「規格品」がないことが特長で、「いのち」という視点ではより身近なものです。積極的に取り上げていきたいと思います。

自然がなくなったと言われている現代、学校の立地環境によって手に入りやすいものは違うでしょう。けれども、季節によって風や空気、咲く花も変わっていきます。そんな変化をまず支援者が肌で受け止め、子どもたちの五感に働きかけるのは感性を育てる教育の基本だと思います。

身の回りにあふれるペットボトルや空き缶、紙パックなどは、手軽ではあっても美しさや心地よさにつなげるのは難しい素材。どんなものに利用できるかは十分検討が必要です。

羽

木の実

散歩や農業学習の時に見つけたもの、学校で剪定して出た木の枝、わたしたち自身が感性を研ぎすませて材料を探してみませんか。

また、紙もさまざまな扱いができる大変優れた素材です。それぞれの紙の性質を生かして、いろいろつくってみましょう。

葉・貝殻（イカの骨）

籐で編む

教室の中だけでは、季節を肌で感じることは少ないかもしれません。外出した時に意識的に採取したり、畑のイモの茎や稲わら、葉っぱなどを集めておきましょう。

学校の近くの花屋さん、手芸店、材木屋さん、電気屋さんなどと仲良くしていると、教材になりそうな、いろいろなものが手に入ります。葬儀屋さんからは、少しだけ使ったロウソクが大量にいただけます。

拾ってきた貝殻でタペストリー、籐やつるを使ってリース、壁かけ、ダンボールや厚紙でレリーフにしたり、さまざまなアイデアで、素敵な創作を生み出しましょう。

毛糸で編む

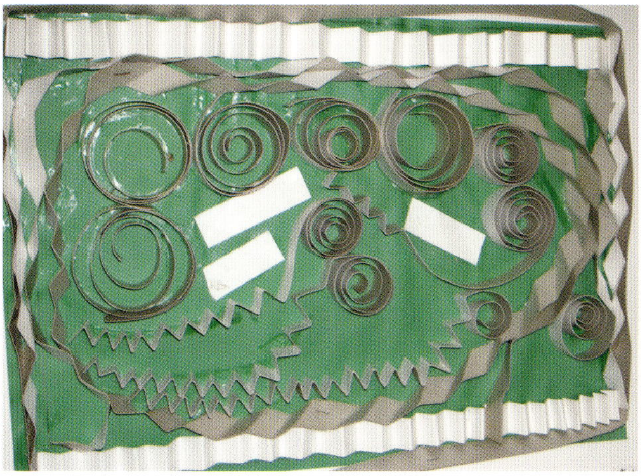

厚紙レリーフ

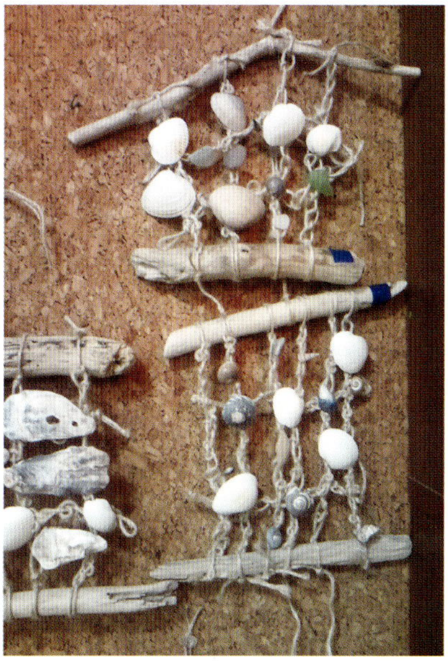

貝殻のタペストリー

さまざまなものを使ってのコラージュ（中学部）

自然のものを利用し、加工するためには道具や技術は不可欠です。

ものをつくり出すために、便利さを追求するために道具や技術は進化発展してきて、今は手も使わずにボタンひとつ押せば生活ができそうです。

だからと言って、手を動かさずにいたら、考える力や創造する力も枯れていってしまうのではないでしょうか。

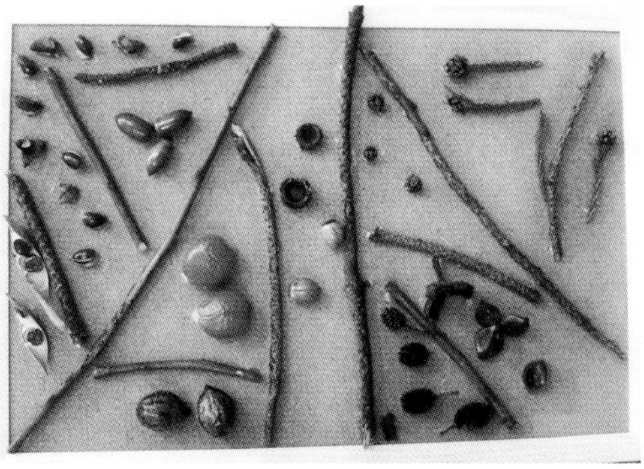

木の実のレリーフ

安全第一に

道具を使う時に大切なのは、安全に対する配慮です。

① 道具についての正しい使い方
② 道具を使う場所に必要な広さ
③ 対応できる人数

の3つは確認しておくこと。

危ないから使わせないというのではなく、安全な環境をつくって、手順をしっかりと繰り返し教えていきましょう。

たとえばはさみの使い方をとると、

- 刃先は安全か
- 利き手のはさみなのか（普通、右利き用ですが、左利き用もあります）
- 指を入れる穴の大きさ
- 開閉の強さ（バネつきもあります）
- 紙を切る手よりも、紙を持ち動かすほうの手が難しい。切るラインが見えているか……。

など、うまく使えないようならば、どこが困難なのか、どのような工夫や支援が必要か、なども考えておきましょう。

道具によっては適切な補助具を使うことによって、安全性も使いやすさもぐんと向上します。どんな補助具を使ったらよいかも考え、工夫してみましょう。

技術や家庭の時間や畑作業の時間など、ほかの教科と連携して取り組んでいくことも大切です。生活それ自体が、さまざまな教科の学びがからんでいるのですから、総合的にじっくりと取り組みたいものです。

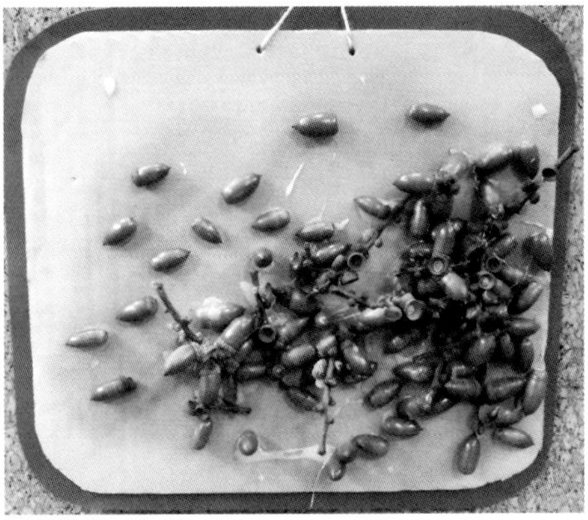

木の実のレリーフ

●接着剤について……それぞれの素材にあった接着剤を選びましょう。木工用ボンド（木・紙・ダンボールほか）、ホットメルト（すぐ接着、仮止め用）、瞬間接着剤（金属ほか、扱いに注意）など。

●作業しやすい環境を整える。のこぎりなどは切るものをしっかり固定できるようにしての作業が大切。補助具の工夫で道具がより使いやすくなります。

Column

技術も大切だけど、その前に

ものをつくり上げるには道具と同時に、使う技術がどうしても必要になります。手の動きや使い方がより巧みになれば、表現の幅が広がることは確かです。が、技術がなければ表現できないということではありません。

美術全体にもいえることですが、デッサンが巧みだから表現力があるかというと、必ずしもイコールではありません。表現は、再現性や技術力だけでつくられるものではないからです。

技術は大切ですが、その向上だけが目的なのではなく、個々の感性や感情を、いかに豊かに育むのか。描かれたものから何を感じ、読みとるのか、ということが美術という授業の目的だということを忘れてはならないと思います。

溶かして、流して、かためて、重ねて、削って

ロウを使って

奥田さが子

子どもは、火や刃物などは、ちょっとこわいけれど関心もあります。

ロウのように、熱（温度）で変化するものは、興味深く、どんな発達段階であっても、それぞれねらいを変えて取り組むことができます。

ロウのように、熱（温度）での変化が目に見えるものは、普段の生活の中にはない素材です。

扱いも比較的簡単ですし、柔らかいので刃物による作業が容易です。

木枠づくりからはじめると、木工作のさまざまな技術も同時に学ぶことができ、カラフルで意外性のある作品になります。

(中学部)

溶かして、流して、かためて、重ねて、削って

ロウを使って

すすめかた

① 木枠（額縁）をつくる。（p61参照）
② 教師がつくった作品を見せ、実際にロウを熱するとどんな変化が起きるのか、など実演する。
③ 固体のロウをけずる。（刃物が困難な子は、丈夫なポリ袋などに入れてかなづちで砕く） 同時にクレパスを何色か選んで、同じようにけずる。
④ 空き缶にロウとクレパスを入れ、湯煎して溶かす。熱いから気をつけて！

ロウソクは日常的にはあまり縁がありません。（仏壇にはありますが……）

この素材は、食堂などのメニュー見本をつくるのに使われているように、複雑な形や色が自由に出せます。ですから扱いに慣れてくると、とても表現する幅が広がります。

いろいろな準備や道具も必要ですが、小刀やカッターを初めて使う時の、正しい刃物の使い方を教えるのに最適な柔らかさなのです。

最後のけずりでは、彫刻刀やニードル、釘など、それぞれ経験させたいものでやってみてもいいでしょう。

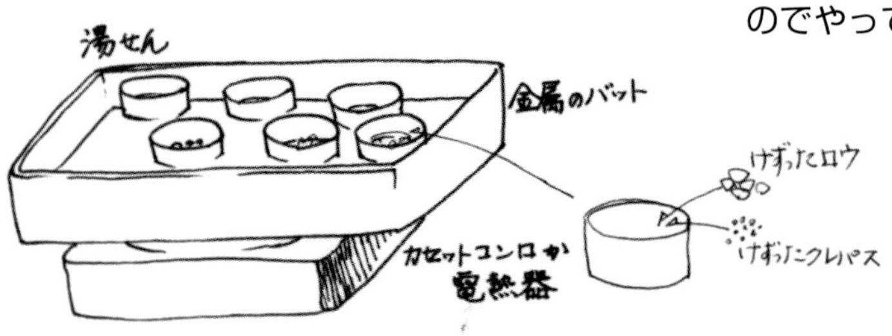

●材料と用具

・ロウ（パラフィンロー、ろうそくなど何でも可）
・クレパス（油性）
・木枠は、版画用板に角材の枠をつくって貼ったもの（まわりのデコレーションは自由に）
・電熱器、またはカセットコンロ
・ステンレスバット　・空き缶
・紙コップ、またはプラスチックカップ
・カッター　・彫刻刀　・ニードル　・釘　など

⑤　つくっておいた木枠（額縁）に流す→かたまる。（教師が軍手などを使って熱い空き缶から、子どもが選んだ色を熱伝導の遅い紙コップやプラスチックカップに移して、木枠の中に各自流させる。流したら、木枠を傾けて好きな方向へ流しながらかたまる様子に注目！）

⑥　何層か、好みの色を流して重ねる。

⑦　層になったものをけずる（下の色が出てくる）。

⑧　鑑賞する。

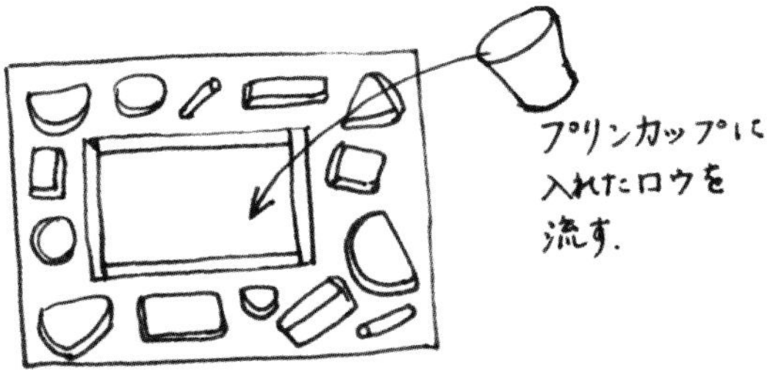

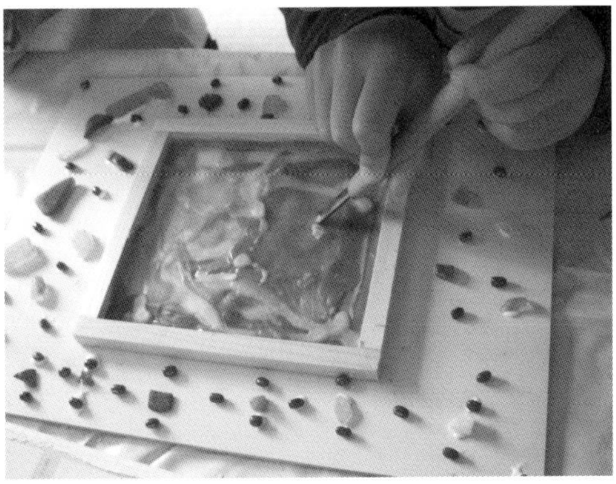

●木枠

版画用シナベニヤに、1.5cm角くらいの角材４本を木工用ボンドで固定します。

枠の周りの飾りつけには、ウッドチップス、貝殻、ボタン、木の実、マメ……何でも。

●ほかに

ケーキづくりのカップや枠を使い、それに色をつけたロウを流し込んで、オリジナルなロウソクをつくりましょう。芯になるひもは、太めの綿糸にたっぷりロウを染み込ませて中心に固定します。

籐で編む（中学部）

編んでつくる

籐、毛糸など

奥田さが子・三嶋眞人

　糸や籐、つるを織る、編む……線から面へ。機械化された現代ではあまり使わない技術や素材です。でもそれだけに、手指をたくさん使い、できあがったものは立派なアート！

木の枝、毛糸、木の実で（高等部）

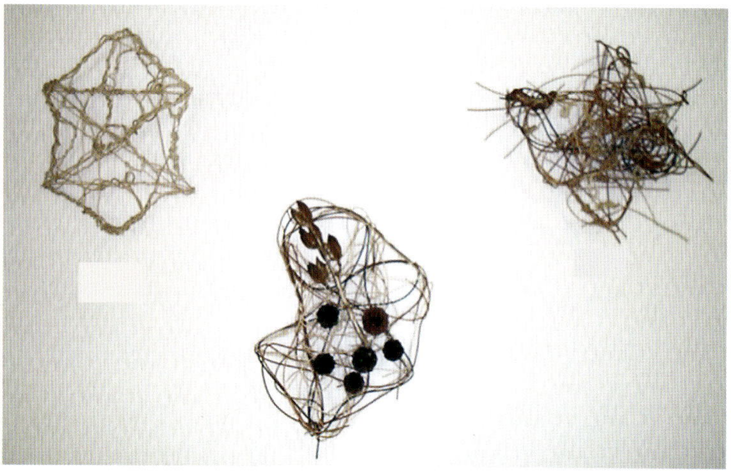

籐で編む（中学部）

さまざまな枠や木の枝、金網など編み込めるものを工夫すると、タペストリーやリースとして素敵な飾り物になります。応用で入れ物もできます。

籐で編む（中学部）

金網に毛糸編み（中学部）

木の枝と毛糸（高等部）

籐で器をつくる（高等部）

編んでつくる

籐、毛糸など

あまりふれる機会のない自然素材で、手指をたくさん使うことを目的として取り組みましょう。学校の畑でのサツマイモ収穫の後のつるを使っての作業も楽しいです。

籐でリースをつくる

すすめかた

① 教師がつくった籐の飾り物を見たり、さわったりして感触を確かめる。

② 木枠づくり…３×４cm角材、30cmくらいで作成する。難しければ、キャンバス素材でもよい。

★職業（作業学習）の授業で行ってもよい。

③ 木枠に釘打ち（釘の頭を２～３cmくらい出しておく）。

④ 一晩、水につけておいた籐を釘にしばり、ランダムにほかの釘に渡して編んでいく。

⑤ 上、下とくぐらせながら、絡めて編んでいく。

★１人で難しい場合は支援者と向かい合って、籐のやりとりをしながらすすめていく。

⑥ 籐を継ぎ足しながら重ねていき、適当なところではさみ込んで終了。

⑦ 乾燥させて釘をぬき、枠から外す。

⑧ 自然物などを装飾用に貼りつけ、完成。

●材料と用具

木枠づくり

・角材　・のこぎり　・釘　・かなづち
・木工用ボンド　ほか

籐編み

・籐・自然物（まつぼっくり、木の実など）
・籐を水につけておく大きなバケツ

③

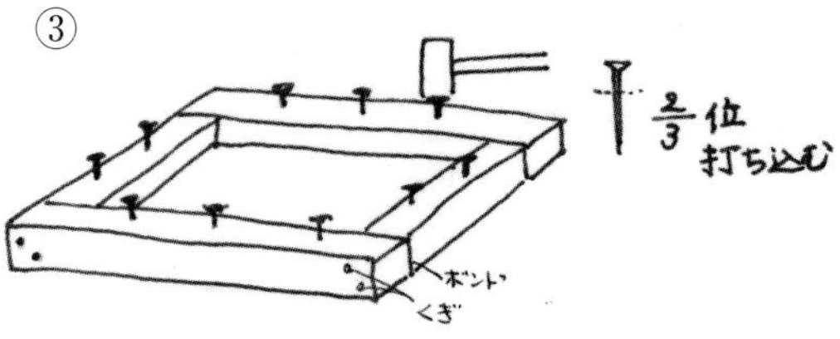

④

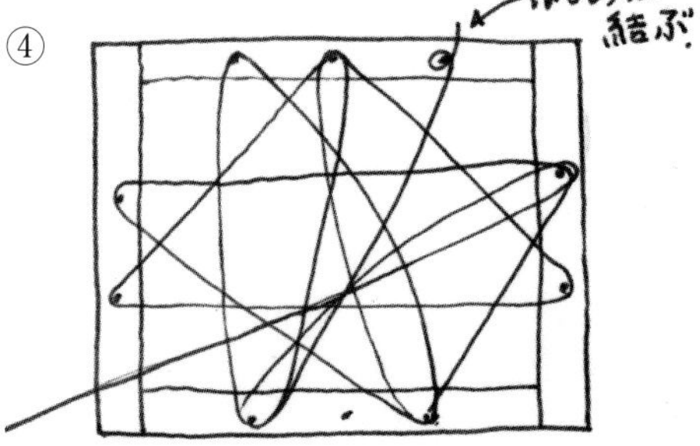

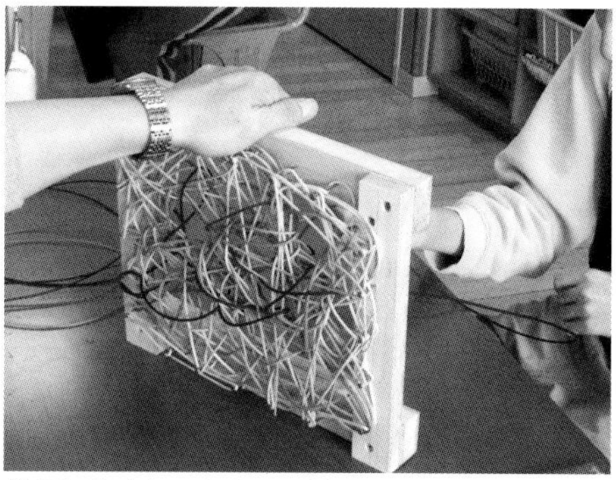

教師に協力してもらって籠を編む

Point

●籐やつるなどを扱う時は十分に水分を吸わせ、柔らかくして使います。できれば前日から水につけておきましょう。

●畑のイモのつるを使う時はよく洗って、泥などは落としておきます。

リース編み

木枠づくりが難しかったり、籐などが手に入りにくい時は、身近にあるもので楽しめるリース編みをやってみましょう。

すすめかた

① 金網（100円ショップで売っている丸型、四角型）を反らせたりして、ちょっとゆがめる。

② 毛糸（太め）を色違いで各色。ビニールひもや細長く切った布切れも用意する。

③ 毛糸を２mくらいにし、４～５本まとめて、セロハンテープで先をしばり、斜めに切る。

④ それを網の穴に通し、最後を網にしばり、ランダムに編んでいく。

⑤ 糸の種類を変えたり、色を変えたり、穴に通らなくなるくらい、繰り返し編んでいく。

⑥ 裏にして、木工ボンドを全面に塗りつける。

⑦ 表に返して、ループになっているところをはさみで切り、変化をつけて完成。

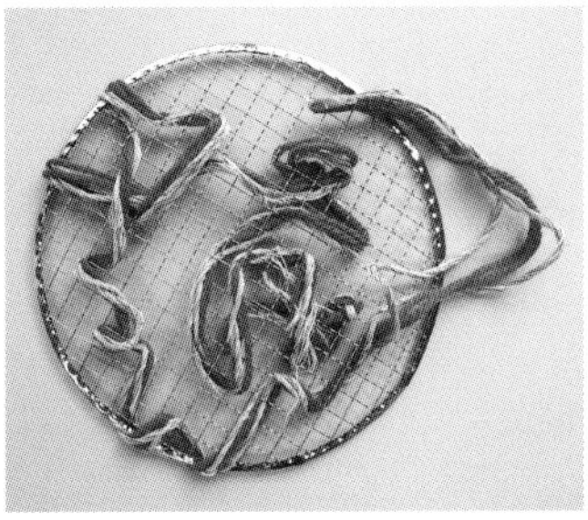

●材料と用具

・金網（丸型・四角型ほか）
・毛糸
・テープ、リボン、布を裂いたもの
・木の枝など
・はさみ　・セロハンテープ
・ボンド

自然の木の枝を利用して、毛糸やひもで編んでいくと自然物のオブジェになります。校外学習などの時の、雨バージョンや室内工作にも楽しいです。

稲わらでつくる 正月飾り

奥田さが子

かつては生活の中にあって、誰もがふれていた稲わらですが、今では見ることも少なくなりました。わら細工は正月の飾り物として残っているだけになってしまいました。

学校で稲を育てているところなら、お米をとった後の稲わらを有効利用してつくりましょう。

わらを束ねて干している

水に湿らせたわらをよる

稲わらでつくる　正月飾り

わらの手ざわりは温かい。手指をたくさん使い、よじったり結んだり。それが難しければ、しっかり握っていることも大切な課題です。友だちと教師と、協力して仕上げるお飾りづくりです。

今はもう目にすることも少ないのですが、暮らしに深く結びついている稲わらを使ってみましょう。それぞれの力に応じて楽しくつくることができます。

できあがったら、家でとても喜んで飾ってもらえるので、それもうれしいです。

お正月飾りをつくる

事前準備

①　稲わらを見せ、お米が収穫できること、わらがどんなところに使われていたのかなど、写真などを見せて解説する。

②　わらをすいて整える。(図①)
(わらゴミがたくさん出るので掃除しやすい場所で行おう)
穂のほうを持ってバラバラ振り、その後、指をくしのように使って、間にはさまった汚れた枯れ葉を取り除く。

③わらを湿らせる。
わらの扱いには適度な湿り気が必要。水の扱いにも配慮しながら、まわりをびしょびしょにしないようにしよう。
(大きめのビニールシートを敷く。ここまでは事前準備)

★わらは、かなり細かい滓《かす》がたくさん出る。わらの滓がくっつきそうな毛糸のセーター、靴下などは脱ぎ、作業しやすい身支度をしておく。
★はさみなどは指導者が管理し、安全に配慮する。

●材料と用具
- 稲わら
- 麻ひも（2､30cmに切っておく。ひとつに1本）
- わらを湿らせるためのタオル　・バケツ
- 新聞紙など
- 飾りつけ用のまつぼっくり　・リボン
- 折り紙などのオーナメント（取りつけやすいように実や折り紙などの飾りには、あらかじめ、細いワイヤーや糸などをつけておく。それぞれの子の力や好みで自由に飾りつける）
- はさみ（わらをまとめて切るためには花ばさみや剪定ばさみがいいが、普通のはさみのほうが子どもには扱いやすい）

Column

稲作文化（教室での会話から）

「わらは何の植物か知っているかな。稲だよ。お米をとる草です。みんなの食べるご飯ができるんだね」
「じゃあ、そのわらでつくってあるもの知ってるかな？」
「わらじ、わらぐつ、蓑《みの》……昔の人のレインコートだよ。お家の屋根も昔はわらでつくったし、畳の中にもわらが入っている。稲ってすごいねえ。だからお正月のお飾りも、わらでつくったんだね」

すすめかた

① わらをなう。（図②）

●２人で組んでやれば、簡単にできる。

●２人でよりをかけるのが難しい場合、図③のようにやってみる。

② どんな形にするか決めて結ぶ。（図④）

③ 飾りつけ。

④ 片づけ……作品、用具や材料、ごみと、分けて入れるものをあらかじめ用意しておく。（保管する時、誰の物だかわからなくなるので、名札を用意し、片づける時につけておこう）

図①

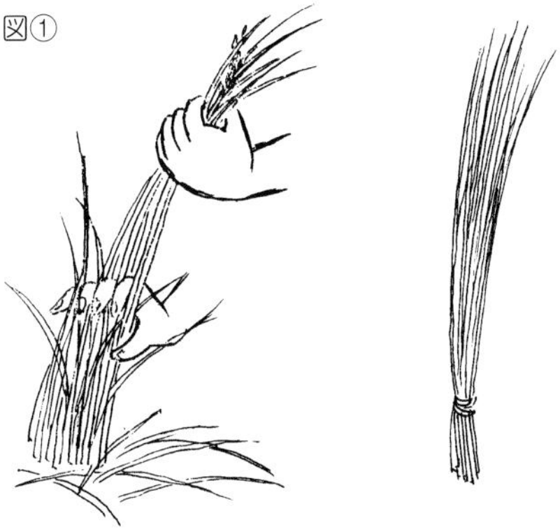

図②

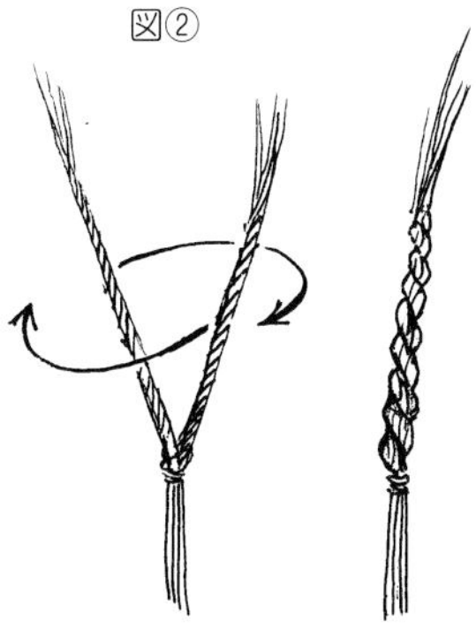

図③

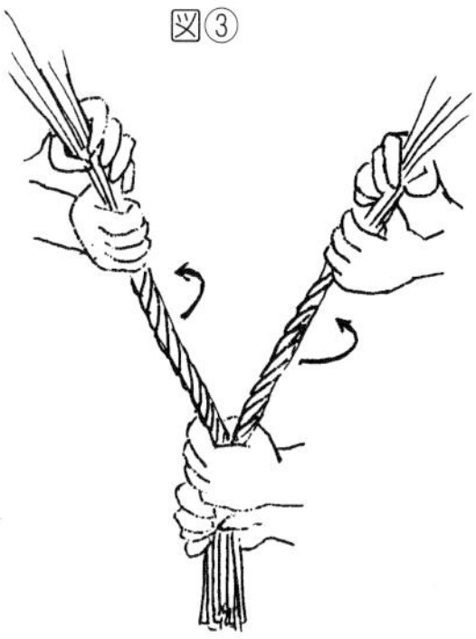

図④

２本を縄により
形をアレンジしたもの

●簡単バージョン
わらをねじって半分に折ってしばると、ほうき状になります。（p66の右下写真）

お面（土台は金網）

お面（土台はヘルメット・中学部）

張子でつくる

お面、起き上がり小法師《こぼし》、ランプシェード

三嶋眞人

　染紙遊びや、ぐるぐる描きでたくさんの試作の紙が出てきます。そんな紙を使って張子をつくってみましょう。染めたり描いたりした時のことなど思い出して、会話をしながら、作業が単調にならないように、その子らしさの出る張子ができるといいですね。

お面（土台は新聞紙・中学部）

お面（土台は粘土・中学部）

ランプシェード（土台はふうせん、紙ヒモ・中学部）

お面（土台は粘土）

ランプシェード（和紙・中学部）

大きな雪だるまの張子（高等部）

ランプシェードのイベント（作業所）

張子でつくる

お面、起き上がり小法師《こぼし》、ランプシェード

紙を使って、立体に挑戦してみましょう。染紙や色の遊びでたまった紙を使って、ペタペタ貼りつけながら、お面、起き上がり小法師、ランプシェードをつくってみましょう。

紙をちぎる、のりをつける、貼りつけるなど、わかりやすい作業で、個々の力に応じての分業もできます。クラスでわいわい言いながらの手仕事です。

できあがったら、遊んだり、インテリアにしたり、それぞれにおもしろさもあります。

●材料と用具

- 紙…いろいろ（新聞紙、和紙、わら半紙）
- のり、水性ボンド
- 土台になるもの（粘土、風船、金網、ヘルメットはお面づくりに便利　ほか）
- 粘土や土台を包むラップ
- 起き上がり小法師用のおもり（投げ釣り用の鉛）
- ガーゼ布や紙ひもなども貼ってみよう。

すすめかた

① 張子でできたいろいろな物を見せ、何でできているのか、さわってみる。

② 土台をつくる。（ふうせんを使ったり、粘土や新聞紙を丸めたもの、発泡スチロールのかたまりも使うことができる）

③ 粘土と新聞紙でかたまりをつくった時はラップで全体を覆う。

④ バケツにのりとボンドを入れ、水で薄めに溶く。

⑤ その中に、ちぎった紙を入れ、絞ってから土台に広げて貼りつける。

⑥ 全体を貼りつけたら、２枚目、３枚目と重ねていく。

⑦ １週間乾かし、紙を切り開いて（ふうせんは割って取る）、中の土台をぬき（起き上がり小法師など中をぬかなくていいものはそのまま）、また紙を貼りつける。

⑧ 表面にとっておいた紙を貼りつけ、着彩して完成。
★お面は鼻、まゆ、耳、目などをつける。
起き上がり小法師はおもり（釣りの鉛など）を入れる。
ランプシェードは和紙を貼りつける。

Point

●紙を重ねて貼っていく場合、何枚貼っているのかわからなくなりますので、貼る紙の色を変えたりして、まんべんなく貼りつけます。

●中の土台をぬき取る場合、切り取らなくてぬけるような工夫もできますので、考えてみてください。

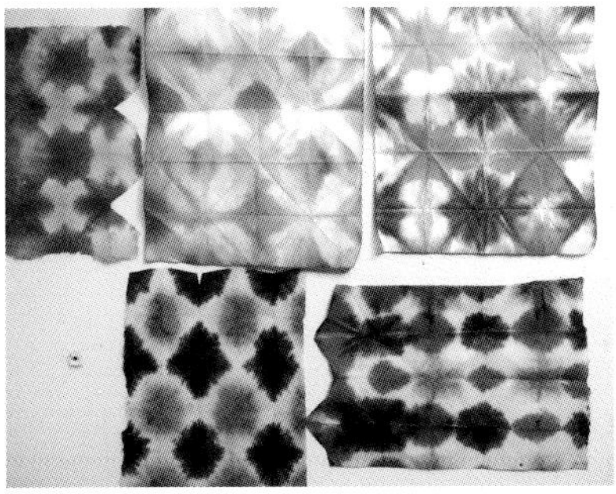

染め紙

張子に使うのり、ボンド

新聞紙を丸め、ラップで包む→紙を貼り重ねる→おもりを埋め込む→ガーゼを貼る

仕上げに染め紙を貼り、完成

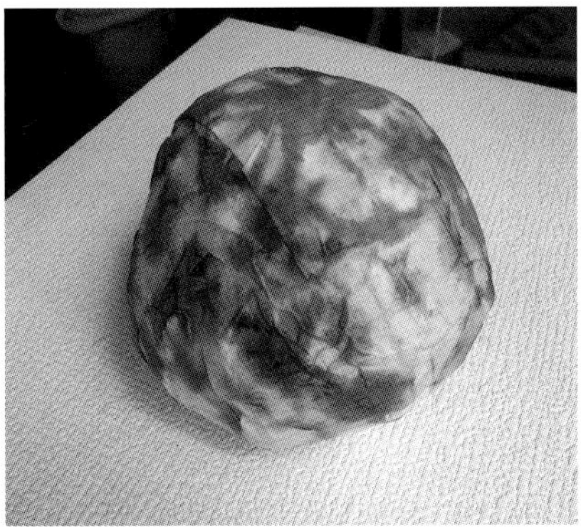

起き上がり小法師（中学部）

Column

たくさんのゴミ（？）も作品に

包装紙に描いた絵をうちわに貼りつけた（中学部）

授業の中では完成された作品だけではなく、制作過程での試作がたくさん出てきます。紙１枚だけで完成まで続けるということのほうが珍しいでしょう。試行錯誤や繰り返しの中から、彼らなりの動きや特性が現れてくるものですから、ムダは創作の倉庫なのです。

そんなゴミかと思われがちな紙を学校で保管して、次への作品づくりにつなげられるような、アイデアや工夫が必要です。

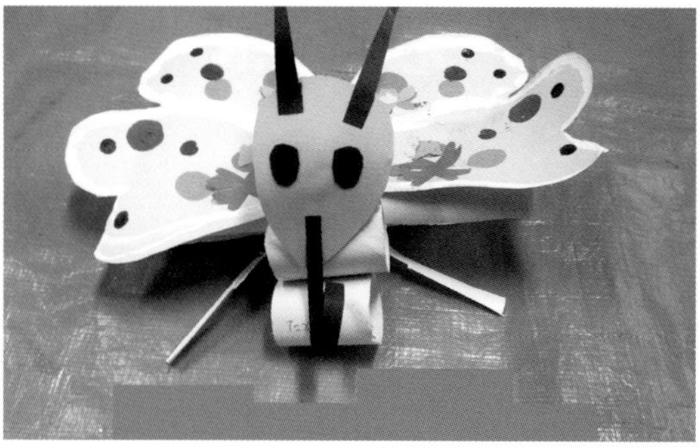

おしゃれなチョウ（小学校）

おしゃれな鳥（高等部）

紙でつくる、おしゃれな鳥・チョウ

奥田さが子・藤原初代

普段、何気なく使っている紙の性質、手触りや紙のくせ、色、質感などを知っておくことは大切です。

また、折る、切る、丸める、破る（ちぎる）、貼る……などの扱いに慣れておくと、表現の幅がぐーんと広がります。紙は身近な物ですから、大いに使いましょう。

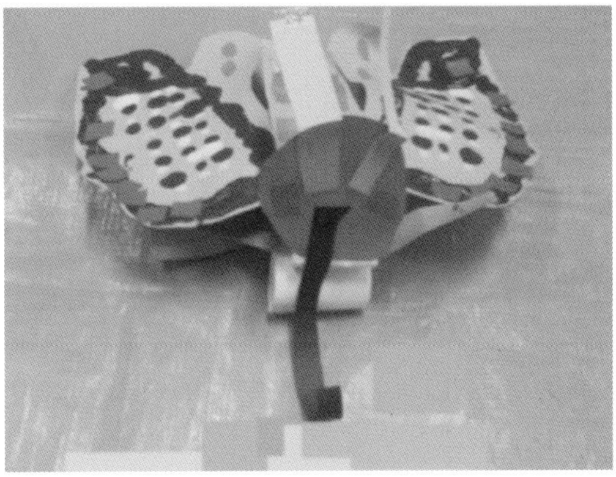

おしゃれな鳥

きれいなチョウ（小学校）

おしゃれな鳥（中学部）

紙でつくる、おしゃれな鳥・チョウ

紙を切ったり折ったり、丸めたりができたら、いろいろなものがつくれます。

鳥やチョウには、ずいぶんおしゃれな姿や色合いのものがいるので、自分のイメージと力に合わせ、さまざまな技法を使って楽しくつくりましょう。

手指をしっかり使って、折ること、切ること、貼ることの基本を身につけましょう。

すすめかた

① 教師がつくった鳥を見せ、ひらひらさせたり、動かしたりして遊ぶ。

② 八つ切り画用紙半分を４つに折る。

③ 三角の筒型にして重なり部分をのりづけする。

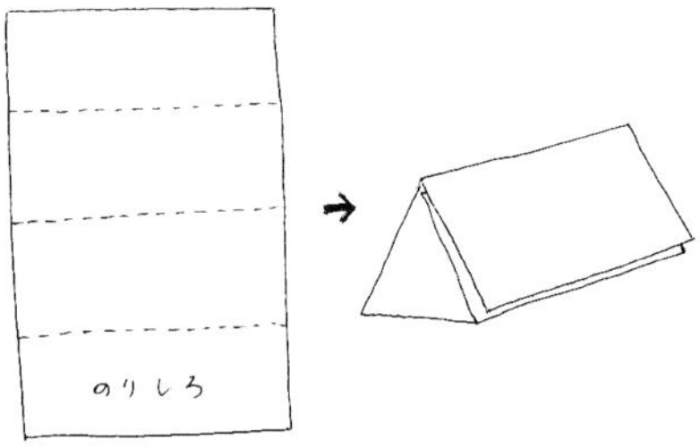

④ 半円形の紙を４つに切った１枚を二つ折りにして、②の片方の端にのりづけ。この時、先をツルの頭のように折っておく。

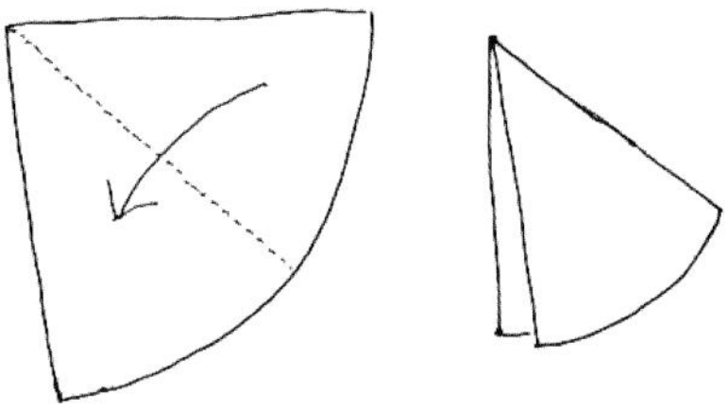

⑤ ③の胴体に④の頭をのりづけする。
色画用紙や折り紙などで、羽を２枚つくって貼る。
（２つ折りにして切ると同じ形が２枚できる）

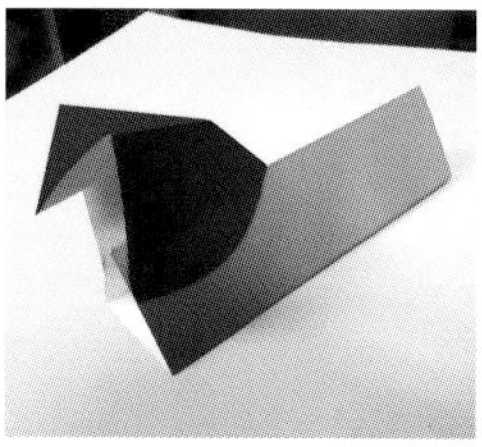

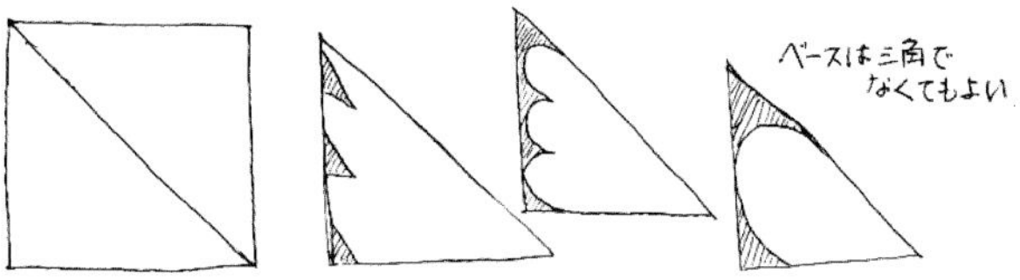

⑥ おび紙を折ったり、切ったり、つなげたり、丸めたりして尾をつくる。折り紙などでもよい。

⑦ そのほかの飾りを自由に考えてつくる。

⑧ 鑑賞

紙を切ったり、貼ったりがまだ難しい生徒は、土台になる鳥の形をつくってイメージしやすくしたものとシール、いろいろな形や色の紙の切れ端に両面テープをつけたものを渡し、飾りつけをさせる。

飾る時は、上から吊るしてモビールのようにするか、竹の丸棒に取りつけ、きれいなガラスビンなどに差す。（風見鶏のように）（p74参照）

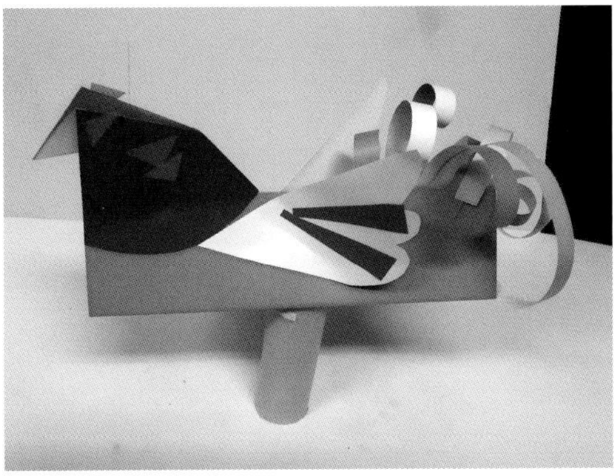

●材料と用具

・画用紙、色画用紙のおび紙（細長く切った紙）、
　折り紙　など

・はさみ　・のり（接着剤）

Point

●この課題は、早くできたらもう一つ、などと数を増やして、つなげて飾ると作品展などに見栄えのするものができます。

★

●発展課題として、バランスのとり方は少し難しいですが、身体を半円形にすると、転がして遊べるバランスおもちゃになるので、それはそれで楽しみながら取り組めます。

※この場合は胴体を少し厚めの紙でつくるとよいでしょう。はじめに転がして遊び、だんだん「おしゃれ」させていきます。（★）

11歳の絵本

江渡信子

1年間の作品をまとめて絵本にします。子どもたちの成長が目に見えてきます。作品を保存しておくのにも便利です。

●材料と用具

・四つ切画用紙　・色画用紙
・のり　・製本テープ　・ブックコートカバー

すすめかた

1年分まとめた絵を見せ、1人ひとりの成長や、制作を振り返る画集づくりをすると説明。

① 画用紙を二つ折りにする。
●角をきちんと合わせる。
●左手で押さえ、しっかりと指の先で押し、折り目をつける。

② のりを①のまわりにつける。
③ わからない子どもには、のりをつけるところを鉛筆でマークを描いて示す。
④ もう1枚の画用紙も二つ折りにし、折ったところをきちんと合わせて貼りつける。

⑤ これを繰り返し、作品の数だけ貼り合わせる。
●乾くまで、重い本などでプレスする。

⑥ 作品の裏のまわりにのりをつけ、⑤に貼る。
●表紙も作品を貼る。
●乾くまで、重い本などをのせてプレスする。
⑦ 背の部分に製本テープを貼る。
⑧ 本の背以外の三方を電動カッターで切る。（指導者）
⑨ ブックコートカバーを表紙に貼る。

Point

●画用紙の折ったところをきちんと合わせればできます。

●しっかりとのりづけします。

●おもしをします。しないと乾いた時、ブヨブヨになってしまいます。

卒業画集…11歳の絵本（小学校6年）

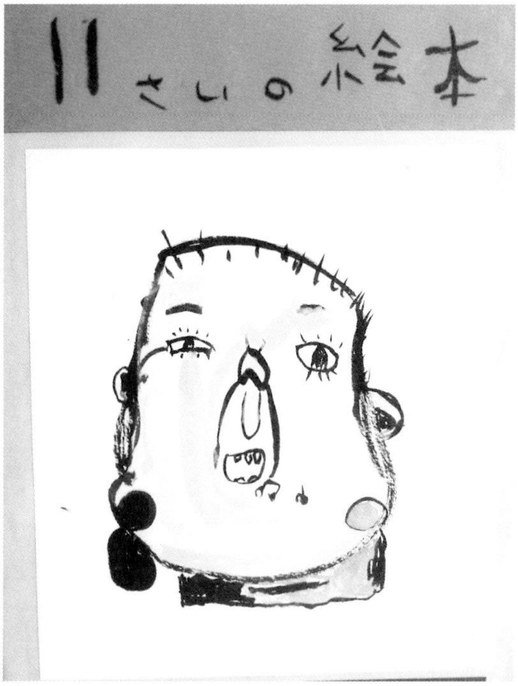

できた絵本を皆で見合いました。その子の特徴や、がんばったところがとてもよくわかります。

作品を大切にする心も育てられます。

作品ができたら……

三嶋眞人

授業が終わって、日が暮れて……

図工・美術の時間でつくられた作品はどうなっていますか。

瞬間芸のようにさっと終える子や、たくさん描き散らかす子、集中して取り組む子、さまざまです。それらをそのまま全部家庭に持ち帰らせても、多くは扱いに困ってしまいます。ですからほとんど学校で処分することになるのですが、そのような作品の中にも、個々の特性や個性がどこかに現れているものです。処分する前に、そんな部分を大切に切り取って、より見やすく装丁して作品として再生、展示して、関心を持ってもらいましょう。

作品を完成させることで終わりではなく、その作品を見合い、コミュニケーションすることは、授業を通して育てるもうひとつ

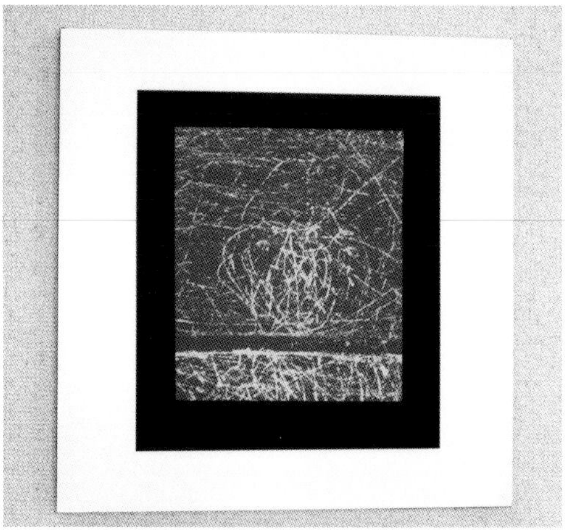

コロコロドローイング（中学部）

作品の台紙の裏に板マグネットを貼り、鉄の扉に展示（はがき大）

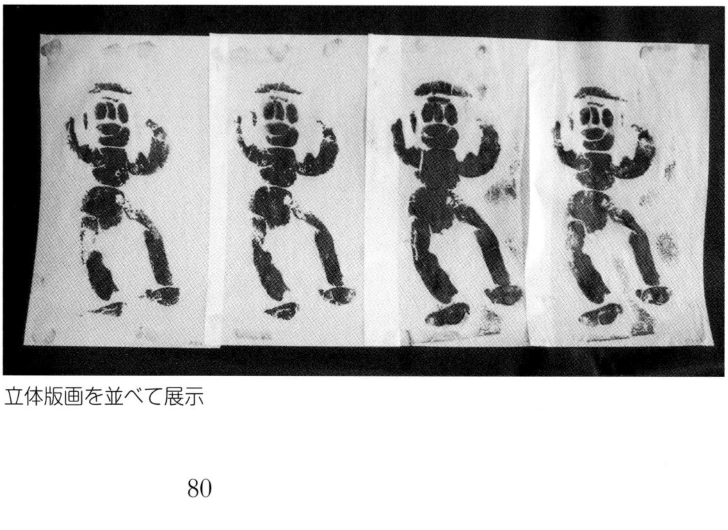

立体版画を並べて展示

の大切な課題です。

作品は作者を知り、理解する手段にもなるのです。支援者が子どもの作品を、より作者の姿が見えてくるように素敵な形で装丁し、飾りつけすることは、授業で作品をつくり出すことと同じくらい重要なことだと思います。

一見、なぐり書きのような作品も、その子らしさを見つけ出し、トリミングして台紙に貼りつけたり、穴つきマットをかぶせることで、はっとするような「作品」として再生します。

さらに、その作品をより多くの人に鑑賞してもらうことで、作者の存在を認めてもらうことにもつながります。作品の力とはそのようなところにもあるのです。

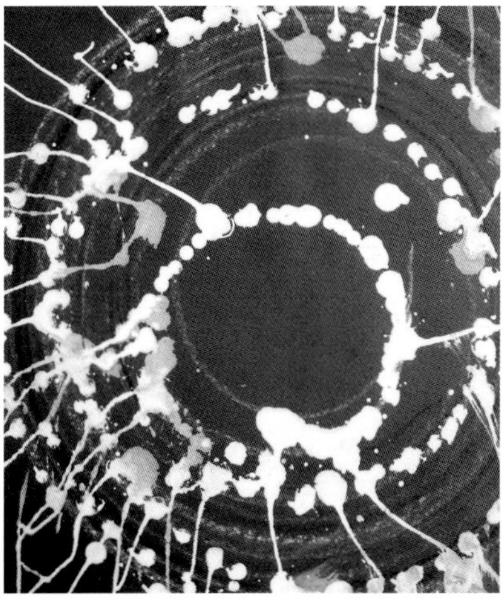

クルクルドローイング（トリミング）

コラージュを色台紙に貼りつけ

公民館での展示（いずれも中学部）

社会とのつながりを

地域の中で

三嶋眞人

秦野アートサークル（自閉症児者親の会主催）の展覧会場と制作の様子（保護者と一緒に活動）

卒業してからのことも

高等部を卒業すると、就職したり作業所や施設に入ることが多いと思います。学校とは違ってカリキュラムがあるわけではなく、チャイムも鳴りませんし、多くの支援者が見守ってくれるところばかりではありません。

ですから、環境が整えられなければ、表現する機会も、表現したものに共感してくれる人も場面も少なくなるのが実情です。けれどもどんな人にとっても、自分を表現しながら自分らしく生きることは大切なことです。言葉によるコミュニケーションが十分でない人たちにとって、さまざまな表現による自己主張ができることは、特に大切ではないでしょうか。

ほんの一例ですが……

自閉的な障害を持っている勝さんは、高等部で習った切り絵の作業が気に入って、それを見た保護者が卒業後、切り絵の専門家に指導を依頼しました。今では作業所のパンづくりの日常的な仕事のほかに、切り絵での制作が生きがいとなっています。

その感性と作業の集中力にはいつも感心させられます。今は展覧会も開催し、多くの反響を呼んでいます。彼の内在する力を引き出したのは、家族や周りの支援者の存在があったからだと思います。

彼のように多様な力を秘める作品をより多くの人たちに見てもらえる機会や場所が増えて、共感の輪が広がればと願います。

わたしの好きなもの（秦野アートサークルの作品・中学3年）

くもの巣のひとりごと
（30cm×40cm）

こっちを向いて
（30cm×45cm）

上２つは椎野勝さん（30歳）の切り絵

Column

作品の輝きは

卒業後の彼らの創作活動を支援しているサークルや施設がつくられてきています。形はさまざまですが、生み出される作品のすばらしさに共感してのことだと思います。

最近は、これらの作品をアートとして商品化する動きもあり、インターネットで「障害者芸術」を検索すると、じつにいろいろな施設やグループ、ネットワークなどが出てきます。

わたしたちは、社会の動きや他人の顔色を見ながら生活をすることをルールとして教えられ、言ってみれば妥協しながら日々を暮らしています。他人の評価を常に気にしなければならないわたしたちとは違って、彼らの表現には誰におもねることもない、純粋に自分の思いをつくり出す、そんな強さ、美しさがあり、またゆったり癒してくれるここちよさを感じます。美術史の流れには当てはまらない輝きに驚かされるのです。

年間計画Ⅰ（例）

障がいの重い子どもたちや低学年の子どもたちに取り組みやすいものを中心にした例。題材の内容は、行事や生活に合わせて考えましょう。

月	題材	内容	持ち物	紹介ページ
4月	春を感じて	・色あそび ・ブラシ絵　ほか	・絵の具　・染料 ・ペットボトル　ほか	p10
5月	暮らしや行事にあわせて	・人の動き、工作 ・ポスターなどをつくる	・紙粘土　・水彩絵の具 ・マーカー	p46
6月 7月	絵の具で描く	・ローラーペイント ・ぐるぐるドローイング	・さまざまな道具や用具を使ってペイントやドローイングをする	p11
9月 10月	立体でつくる	・レリーフ ・お菓子をつくる	・紙粘土　・絵の具 ・新聞紙粘土	p42
11月	共同制作	・文化祭などへ共同でつくる	・絵の具　ほか	p34
12月 1月	版画でつくる	・シール版画～紙版画	・シール　・ローラー ・紙　・のり ・水性版画インク	p26
2月 3月	工作	・張子でランプシェードをつくる	・染め紙を貼りつける ・のり　ほか	p70

そのほかの課題

◇描画…ロウでつくる・模写、墨で描く・いろいろな筆を使って
◇立体…焼き物・人形づくり
◇版画…パステル版画・ステンシル版画・プレス機を使って
◇共同制作…タペストリーづくり・コラージュ
◇工作…自然物を使って・リースづくり・こいのぼりづくり

年間計画Ⅱ（例）

認識の高い子やさまざまな表現力をつけたい子に配慮した例。
題材は、行事や生活に合わせ、他教科ともタイアップしながら計画しましょう。

月	題材	内容	持ち物	紹介ページ
4月	・季節を感じて	わたしのかお、桜のはなびら、どうぶつのさんぽ　など	絵の具 色画用紙	p19
5月	・見て描く ・暮らしや行事を描く	ドロップ、ドーナツ、 大玉送り、やきもの ・運動会　など	絵の具 粘土	p23 p46、47
6月	・版画でつくる	ローラー版画	版画セット	p30、31
7月	・工作 ・果物、やさいを描く	七夕かざり、鳥　など スイカ、ミニトマト、トウモロコシ　など	紙、はさみ　ほか 絵の具	p22 p74、75
9月	・体験を描く ・版を楽しむ	シャワー、スプレー版画　など	絵の具 スプレー	p23、 p26、27
10月	・粘土でつくる	やきもの土鈴、型押し版画	土粘土、紙粘土	p38
11月	・自然物を使って	木の実の飾りもの タペストリー	木の実 糸	p54
12月	・編む、織る	リース、タペストリー	わら、籐など	p62
1月	・動くおもちゃ ・張子でつくる	ぐにゃぐにゃ凧、 おにのおめん、 起き上がり小法師　など	ゴミ袋 ふうせん、紙、のり	p70 p72
2月	・紙工作	紙版画、折り紙おひなさま	紙、版画インク	p74
3月	・絵本にまとめる	絵本づくり、教室飾り	色画用紙	p78

そのほかの課題

◇デザイン（ストライプ・水玉）・お話を描く
◇人形をつくる・起き上がり小法師
◇わらでつくる・自然物（学校の環境に合わせ、植物だけでなく、石や砂、貝など）を使った飾り
◇木版画（スチレン版画・紙版画）
◇暮らし（学校行事、体験学習、作業学習などの中から題材探しをする）
・家族を描く・季節を描く・観察して描く
◇コラージュ・工作　など

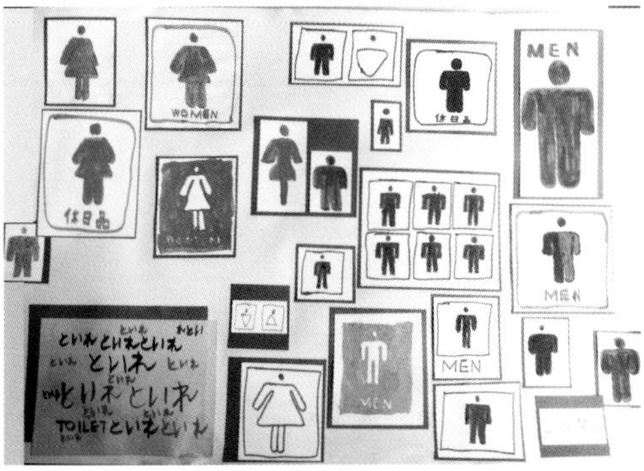

トイレマーク（小学部）

仲間と一緒に学び合いましょう

自分１人の経験だけで、さまざまな授業を生み出すということは、ほとんど無理と言ってよいでしょう。ここに載せた実践の多くも、個人のオリジナルではなく、思いついたことやどこかで見てきたものをもとに、同僚やサークルの仲間と話し合いながらつくりあげてきたものです。「３人よれば文殊の知恵」と言いますが、仲間との学び合い、話し合いは、アイデアの泉であると同時に、子どもや作品を見る眼を豊かに鍛えてくれます。

学校現場がますます多忙になり、校内で学び合ったり、話し合ったりする時間をつくるのは困難になってきていますが、各地で自主的な研究会の灯は消えていません。遅々たる歩みに見えても日々成長している子どもたちとともに、成長しつづけることのできる教師になりましょう。

目の前にいる子どもたちの現実を見ながら、どのようなテーマや課題がふさわしいのか、自らが考えるのと同時にほかの人の実践を学び、自分の実践を客観的に検討していきましょう。

教育委員会や大学でも講習会などを行っていますが、各地の教育現場での実践や自主的な研究会から学ぶことはとても有意義です。近くにサークルや研究会があるかどうかなど、お知りになりたい時はご連絡ください。また、講師派遣などが必要な時もご相談にのることができます。

新しい絵の会

http://www2u.biglobe.ne.jp/~atarasii/

全国障害者問題研究会

http://www.nginet.or.jp/

うし（中学部）

あとがき

ここに載せた障害を持つ子たちへの図工美術教育実践は、美術教育研究団体・新しい絵の会の特別支援分科会に参加している人たちの授業紹介です。

それぞれの学校での取り組みを検討し、語り合い、ああでもない、こうでもないと個々人が工夫してきた内容です。

さまざまな環境の違いや個性、特性があるので、ここでの実践があなたの教室の子どもたちに、そのままでは通用しないこともあるでしょう。ひとつの参考として考えていただければと思います。あなたの創意工夫で、教室の子どもたちに表現する喜びや楽しさを味わわせてあげてください。

彼らの作品に共感し、彼らが社会の中に幅広く受け入れられるような、より暮らしやすい社会になっていくことを願っています。

この本をつくるにあたって、作品を提供してくれた子どもたちや生徒のみなさん、保護者の方々に深く感謝します。

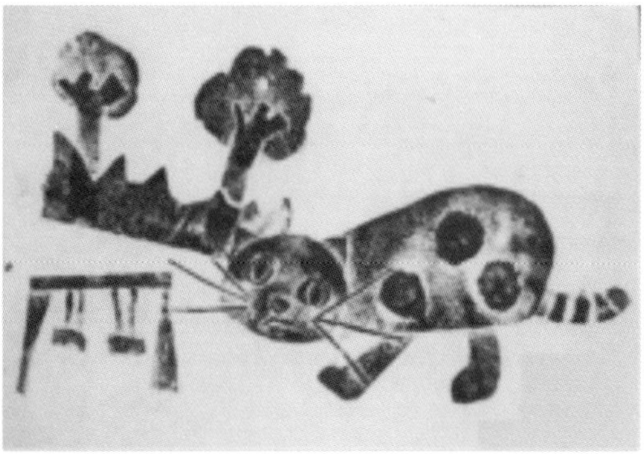

紙版画（小学校）

【プロフィール】

三嶋眞人（みしま　まさと）

1949年生まれ。京都市立芸術大学美術学部工芸科塗装専攻卒。元藤沢市立中学校美術教諭・市立養護学校教諭。
新しい絵の会事務局長。
著書に、『少年の美術』（中学校教科書・現代美術社刊）執筆協力、『アートによるコミュニティ活動の実践』（明治図書）共著、『ボクのパレット』（駒草出版）編著、『あのころの自分に会いにいこう…アーカイブス15歳の自画像』（新しい絵の会）編著、『美術の教室』（駒草出版・新しい絵の会）元編集代表。

奥田さが子（おくだ　さがこ）

1948年東京生まれ。信州大学教育学部美術科卒。元・都立八王子養護学校教諭。東京都公立小学校・都立養護学校の美術教員として35年勤務。新しい絵の会、美術教育を進める会会員。
著書にいくつかのカット集のほか、『大人が楽しむはじめての塗り絵』シリーズ（いかだ社）、『高尾山麓からの花だより』（かもがわ出版）、『みんなちがってみんなともだち』（特別支援教育コーディネーター連絡会と共著）の絵本など。

【執筆協力者】
大多アキ子　東京都立多摩桜の丘学園 特別支援学校教諭
江渡信子　東京都公立小学校 特別支援学級 図工講師
坂井　完　元京都府立桃山養護学校教諭
中山加代　東京都公立小学校 特別支援学級 図工講師
藤原初代　東京都公立小学校 特別支援学級 図工講師

作品提供●藤沢市立白浜養護学校、京都府立桃山養護学校、そのほかにいくつかの特別支援学級、養護学校などの作品をお借りしました。自閉症児者親の会・秦野アートサークル、椎野　勝

編集●内田直子
DTP●渡辺美知子デザイン室

特別支援の絵画と造形

2013年9月15日　第1刷発行

編著者●三嶋眞人・奥田さが子©
発行人●新沼光太郎
発行所●株式会社いかだ社
〒102-0072 東京都千代田区飯田橋2-4-10 加島ビル
Tel.03-3234-5365　Fax.03-3234-5308
振替・00130-2-572993
E-mail info@ikadasha.jp
ホームページURL http://www.ikadasha.jp/

印刷・製本　株式会社ミツワ
乱丁・落丁の場合はお取り換えいたします。
ISBN978-4-87051-405-8